HS政経塾

HAPPY SCIENCE INSTITUTE OF GOVERNMENT AND MANAGEMENT

# 闘魂の挑戦

## 江夏死すとも
## 自由は死せず

大川隆法

RYUHO OKAWA

本対談は、2012年11月2日、幸福の科学総合本部にて、
公開収録された。

政経塾』を二〇一〇年四月に開塾してまもなく満三年になり、二〇一三年三月には、第一期卒塾生を出す予定である。現在、第四期生を募集中である。日本の総理大臣になりたい人は当然ながら、アメリカの大統領を目指している人まで集《つど》っている。

『幸福実現党』という受け皿を創ってあるので、彼らもいずれ続々と政治家になっていくだろう。

今はまだ未知数だが、いずれこの国を代表するような政治家を輩出するだろう。とりあえず、二十一世紀中には、十人以上の総理大臣（大統領）を出すことを目標にしている。

今回、江夏塾長とも対談して、『HS政経塾』が「闘魂の挑戦」をしていることを再確認した。この国、及び世界に、政治・経済・外交等の面で実際の仏国土ユートピアを具現化《ぐげんか》していくための、参謀本部 兼 実戦戦力である。

この国を仏法真理に根ざした「自由の大国」へと成長させていきたいと強く願っている。

二〇一二年　十一月六日

幸福《こうふく》の科学《かがく》グループ創始者兼総裁《そうししゃけんそうさい》
HS政経塾創立者兼名誉塾長《せいけいじゅくそうりつしゃけんめいよじゅくちょう》

大川隆法《おおかわりゅうほう》

# ＨＳ政経塾・闘魂の挑戦　目次

まえがき　1

# ＨＳ政経塾《せいけいじゅく》・闘魂《とうこん》の挑戦《ちょうせん》

――江《え》夏《なつ》死すとも自由は死せず――

二〇一二年十一月二日　収録
東京都・幸福の科学総合本部にて

1　「ＨＳ政経塾」創立に込《こ》めた思い　15
政治家の卵の養成所である「ＨＳ政経塾」　15
「塾長が率先垂範《そっせんすいはん》せよ」という吉田松陰《よしだしょういん》の教えに忠実に　17

**2 政治は「言葉の勝負」だ** 21
「対話形式」には普遍《ふへん》性がある 21
「キャッチコピーで戦う技術」を磨《みが》くべきだ 24
相手のレベルに合わせる「対機説法《たいきせっぽう》」は政治にも必要 29
**3 「松下政経塾」との決定的な違《ちが》い** 31
ＨＳ政経塾生には「プロの意識」を持ってほしい 31
「無税国家論」を学んだ首相が増税をかける矛盾《むじゅん》 34
リストラで新製品の開発能力が落ちたパナソニック 35
「無借金経営をやろう」と思えば、本当にできる 38
立宗《りっしゅう》以来、「無借金経営」を実現している幸福の科学 40
今、「国師《こくし》の交代時期」が来ている 44
ＨＳ政経塾には「ソフト」と「組織」がある 46

4 **マクロの視点で「本質」をつかめ** 51
ＨＳ政経塾は「ハーバード・ビジネス・スクール」を超《こ》えるか 51
私の「日銀」「朝日新聞」批判本に追従するマスコミ 55
世界経済の流れが見えていない日銀・白川《しらかわ》総裁 56
今、考えるべきは「インフレ懸念《けねん》」ではなく「経済拡大」への方策 58
専門家は細部に入りすぎて「マクロの視点」を見失いやすい 61
増税に政治生命を懸《か》ける野田《のだ》首相が招いた「パナソニック倒産《とうさん》危機」 63
ゼネラルな思考をする幸福の科学に世界が学ぶべき時期 65

5 **父への想《おも》い・出家《しゅっけ》の覚悟《かくご》** 67
江夏塾長の父・吉徳《よしのり》氏は東大法学部の先輩《せんぱい》 67
他の教団幹部に「師弟《してい》の姿勢」を示した吉徳氏 69
「出家の重み」を教えられた正月のエピソード 73

総裁を立て、前座に徹《てっ》した実父《じっぷ》・善川三朗名誉顧問《よしかわさぶろうめいよこもん》 74
わが子の資質を見極《みきわ》め、勉強に専念させた善川名誉顧問 76
伝道への熱意を抑《おさ》えがたく、大学を飛び出した若き日の江夏塾長 77
「人生の使命」が見えた人は早くその道に入るほうがよい 80
息子《むすこ》の意志を尊重した父親、「救世の情熱」を引き継《つ》いだ息子 83

6
**真の「自由」とは何か** 85
江夏塾長の過去世《かこぜ》は、憲政に自由主義を持ち込んだ「板垣退助《いたがきたいすけ》」 85
松下政経塾の教訓に学ぶ「建塾の理念を守ることの大切さ」 88
才能や能力をもっと発揮できる「自由の大国」をつくれ 91
キリスト教国やイスラム圏《けん》にも「自由の風」を吹《ふ》かせよう 92

7
**中国に「自由の風」を吹かせよ** 95
外向きには強がってみせている中国の実態 95

今年、中国大陸を襲《おそ》った台風は、いわゆる「神風《かみかぜ》」だった　100
中国政府は、国民に「情報を知る自由」を与《あた》えよ　103
日本のマスコミも情報統制をやめるべきだ　104
8　資本主義の精神で「富」を生み出せ　106
幸福実現党の政策の根本《こんぽん》には「人生観」や「世界観」がある　106
「弱者に優《やさ》しい」だけでは国を豊かにできない　109
資本主義の精神とは、「仕事をつくっていく能力」のこと　111
これから「起業家精神を失った会社」が潰《つぶ》れていく　114
9　ファイティング・スピリットを失うな　117
「世の中を豊かにすることを肯定《こうてい》する思い」を持とう　117
政治的な反対運動をしている人たちには「甘《あま》え」がある　118
「エゴで反対する人」を許してはいけない　121

言論を主張する以上、「筋」を通すべきだ　124

**10　「自由からの繁栄《はんえい》」を実現せよ**　128

オバマ大統領は「国家社会主義への道」に進んでいる　128
中国や韓国《かんこく》を、「いい加減にしなさい」と一喝《いっかつ》すべきだ　130
国益を考えることは、独立国家として当たり前　132
アメリカは「建国の原点」に戻《もど》らなくてはならない　133
自分自身の本質を信じ、「創造性のある教育」を　136
宗教修行《しゅぎょう》は「政治家の胆力《たんりょく》づくり」にも効く　138

あとがき　142

# HS政経塾《せいけいじゅく》・闘魂《とうこん》の挑戦《ちょうせん》

## ――江夏《えなつ》死すとも自由は死せず――

二〇一二年十一月二日　収録

東京都・幸福の科学総合本部にて

［対談者］　江夏正敏《えなつまさとし》

ＨＳ政経塾《せいけいじゅく》・塾長。一九六七年十月二十日生まれ。福岡《ふくおか》県出身。大阪《おおさか》大学工学部を経て、宗教法人幸福の科学に入局。広報局長、人事局長等を歴任し、現在、常務理事（兼《けん》）ＨＳ政経塾・塾長。

［司会］

吉川枝里《よしかわえり》（幸福の科学第五編集局長）

［役職は収録時点のもの］

# 1 「ＨＳ政経塾」創立に込《こ》めた思い

## 政治家の卵の養成所である「ＨＳ政経塾」

大川　（江夏に）ああ、よかった。普通《ふつう》の格好をしてきましたね。私は、「白装束《しろしょうぞく》で、切腹の格好をしてくるのではないか。日の丸の鉢巻《はちま》きをしてくるのではないか」と心配していました（笑）（会場笑）。いちおう、背広でよかったですね。

司会　それでは、これより、幸福の科学グループ創始者兼《けん》総裁・大川隆法先生と、ＨＳ政経塾・江夏正敏塾長による対談、「ＨＳ政経塾・闘魂《とうこん》の挑戦《ちょうせん》――江夏死すとも自由は死せず――」を始めさせていただきます。
「闘魂の挑戦」というタイトルを聞きますと、まさに、江夏塾長の学生時代のエピソードなども思い浮《う》かぶのですが、まずは、このタイトルを付けられた理由を、大川総裁にお伺《うかが》いできればと思います。

大川　（江夏を見て）肩《かた》が凝《こ》って盛り上がっているから、最初は、雑談から盛り上がっていったほうがよいかもしれません（笑）。

おそらく、世の中の人は知らないでしょうが、「HS政経塾」というものがあるんです。「幸福実現党の十分の一以下の知名度ではないか」と思いますので、少しPRをしないといけませんね。

やはり、自分たちのほうから、「こんなことをやっていますよ」と言っていかないと、世の中の人が勝手に分かってくださるということはありません。その意味で、今は、ＨＳ政経塾もＰＲをしなければいけない時期でしょう。ＨＳ政経塾生が選挙の応援《おうえん》などに行っても、「あれは何ですか」と言われたら、やはり、力が入りませんので、もう少し知ってもらう必要があると思います。

いちおう、創立者は私です。幸福実現党は、宗教を母体として急につくった政党ですが、幸福実現党をつくると同時に、「将来、本格的な政治家を世に出していくために、『政治家の卵』を育てるための養成所も要《い》るだろう」と考えて、この塾をつくったわけです。

「塾長が率先垂範《そっせんすいはん》せよ」という吉田松陰《よしだしょういん》の教えに忠実に

大川　今、四期生を募集《ぼしゅう》していますから、来年、やっと、初めての卒塾生が出るのでしょうか。

江夏　はい。一期生が卒塾となります。

大川　まあ、私は、入塾式で話してはいるものの、あとは、ほとんどほったらかしで、江夏塾長がしごいています。何をしごいているのかは知りませんが（会場笑）、フルマラソンを走らせたり、富士山に登らせたりと、かなり過酷《かこく》なことをやらせているらしいので、「私が塾長でなくてよかったな」とつくづく思っています。とりあえず、「創立者兼名誉《めいよ》塾長」にしておいたのですが、塾長だったらフルマラソンを走らされるのでしょう？

江夏　ええ。いや……。

大川　（笑）あなたは走っているのでしょう？

江夏　走っています。

大川　ほら、やっぱりね。これがあるから、誰《だれ》でも塾長ができるわけではないんですよ。ところで、富士山にも登ったの？

江夏　登りました。

大川　それは怖《こわ》いですね。どこまで登ったの？

江夏　頂上まで登りました。

大川　ああ！　それは根性《こんじょう》がつきますね。やはり、元気も出るんじゃないですか。なんか、勇気が出るというか……。

江夏　はい。「塾長が率先垂範《そっせんすいはん》してやる」ということを、以前、松陰《しょういん》先生から言われましたので……（『一喝《いっかつ》！　吉田《よしだ》松陰の霊言《れいげん》』〔幸福の科学出版刊〕参照）。

大川　松陰先生は、そんなことはないですよ。生前、萩《はぎ》から下関《しものせき》まで歩いたときに、足を腫《は》らせて寝込《ねこ》んでいますからね（会場笑）。そんなに、筋肉隆々《りゅうりゅう》の方とは思えません。

## 2 政治は「言葉の勝負」だ

### 「対話形式」には普遍《ふへん》性がある

大川　まあ、雑談から入っていきましょうかね。

当会では、二〇〇九年から政治に取り組んでいますが、私が政治そのものについて書いた理論書は、けっこう難しいと思います。宗教活動のほうでついてきた信者さんたちも、急にググッと難しくなったので、読むのに脂汗《あぶらあせ》をかいているというか、「読めない」ということもあるようです。

ただ、当会の信者にはあまりよく分からなくても、マスコミや評論家、官僚《かんりょう》、政治家など、外側の人には、私の言っていることが意外に分かっているらしい。

このように、「なかにいる人が分からない」ということがあるんですよ。つまり、「言っていることがよく分からないので、その内容を伝えられないし、訊《き》き返されると答えられない」ということがあるので、もう少し分かりやすくする努力は要《い》ると思います。

その一つのやり方が「対話形式」です。対話形式にすると、読みやすくなるでしょう？ これは、意外に普遍《ふへん》的なんですよね。

例えば、ソクラテスの難しい哲学《てつがく》が、今も対話編というかたちで遺《のこ》っていますし、仏陀《ぶっだ》も対話編をだいぶ使っています。イエスも対話をしていますし、いちばん代表的なのは孔子《こうし》でしょうか。

『論語』は、孔子と弟子《でし》との対談ですよね。漢字が入っているから、「難しいのかな」と思いますが、分かりやすい日本語に訳したら、孔子は、実に平凡《へいぼん》なことを話していますし、困ったり、愚痴《ぐち》を言ったり、泣いたりしているところがたくさん出てきます。ところが、それが普遍性を持って、二千五百年も読まれているわけです。

私は今、政治に関しては、弟子との対話本を出しているのですが、そうすることによって、一般《いっぱん》の人や信者の人たちが、「自分の代わりに訊いてくれている」という感じになり、読んでいるうちに何となく分かってくると思います。

題だけ見れば難しそうな本でも、なかを見たら、「少しは読めるな」という感じが出ればよいと思っているので、私には、そんなに難しくする気はありません。できれば分かりやすくしたいですね。

昨日も、あるつてで来た手紙を読んでいたら、「立木《ついき》さん（幸福実現党党首）との対談本である『国家社会主義への警鐘《けいしょう》』（幸福実現党刊）を読み始めたのですが、いちばん苦手な政治・経済の内容なので、難しくて、鉢巻《はちま》きをしながら読んでいます」と書いてありました（会場笑）。「ああ、そうか。対話編でも難しいのか」と思いましたが、確かに題だけ見ても、難しいですね。

だから、最近は、「できるだけ面白《おもしろ》くしなければいけない」と思って、少しおちょくったような題をだいぶ付けています。「中身は多少忘れても、表紙の題だけは覚えてほしい」ということなんですけれどもね。どうせ、話の中身は忘れられるでしょうから。

江夏　いやいや……（笑）。

## 「キャッチコピーで戦う技術」を磨《みが》くべきだ

大川　今回は、「HS政経塾がある」「何か、気合が入っているらしい」ということと、「江夏死すとも自由は死せず」というキーワードを覚えてくれれば、あとは忘れてもらっても構わないでしょう（会場笑）。

江夏　はい。ありがとうございます。

大川　まあ、そんなところです。

江夏　今、ＨＳ政経塾で、大川総裁の政策等を学ばせていただいていますが、すごく分かりやすい表現をされているんです。

大川　いや、君たちの知性が高いから、そう感じるわけですよ。

江夏　いえいえ、逆に、「簡単だ」と思って取りかかるのですが、奥《おく》が深くて、学べば学ぶほどに、大川総裁が遠い存在になっていくようです。「これほど簡単に言える」ということは、本当にすごいと思います。

大川　それは見る人の視点によって、簡単に見える場合もあれば、難しく見える場合もあるでしょう。特に、HS政経塾生には、この世的に見ても、かなり優秀《ゆうしゅう》なタイプの人を集めていますから、どうしても、レベルが一定以上は下がりません。まあ、外人さんも入塾してくれていますので、分かりやすく話す努力はできるでしょう。

確かに、「政治の話を分かりやすくする」というのは難しいですよね。

例えば、先日、石原《いしはら》都知事が辞表を出して辞《や》めたことに対して、今、文部科学大臣をやっている田中眞紀子《たなかまきこ》氏が「暴走老人」と言っていました。（ただし、大学三校設置では、直感的判断をして自分が暴走した。）

江夏　はい（笑）。

大川　あのようなキャッチコピーを付けると、分かりやすくて、あとは説明が要らなくなります。石原さんは、あの一言で、どのくらい票を減らすか分からないですよね。「暴走老人」と言われたら、何をやっても……。

江夏　はい。全部、レッテルを貼《は》られてしまいます。

大川　何だかレッテルを貼られていますね。
これから新党をつくっていこうというときに、「暴走老人」などと言われたら、周りが急にサーッと引いていく感じがあるでしょう。
やはり、政治は言葉の勝負ですから、「キャッチコピーで戦う」という技術を磨《みが》かないといけません。

江夏　そうですね。

大川　「深い思想や理論を、全部読んで納得《なっとく》してもらう」というようなことでは、本当は駄目《だめ》です。「短い言葉で、パッと印象がつかめる。分かる感じが出せる」ということは、一つの才能ですよ。

江夏　そうですね。

大川　だから、そういうキャッチは要るのではないかと思います。

## 相手のレベルに合わせる「対機説法《たいきせっぽう》」は政治にも必要

江夏　そのことは、選挙で、実際に有権者に訴《うった》えかけると分かりますね。塾生もいろいろな選挙のお手伝いに行くのですが、例えば、「原発の再稼働《かどう》」についても、その「再稼働」という表現は、おじいちゃん、おばあちゃんには難しい気がします。そこで、「原発を、もう一回動かしましょう」というように、相手が理解できるところまで下りていって話をしなければいけないわけです。

大川　なるほどね。

江夏　ただ、一方では、塾生として、「高み」も目指さなければいけないので……。

大川　そうそう。両方とも必要ですね。

江夏　はい。マスコミや学者などにも、ぜひ勝っていきたいと思っています。

大川　そうなんですよね。彼らから見たら、「幼稚《ようち》だな」と思われることがあるかもしれませんが、両方を持っていなければいけないので、そのへんは難しいところでしょう。

やはり、相手のレベルに合わせる対機説法《たいきせっぽう》は、ある程度、政治のほうにも必要なわけです。

江夏　はい。

大川　ただ、政治家の本でも、総理を目指す人が就任直前に出すような本は、分かりやすいですね。もちろん、ゴーストライターが書いていらっしゃるのでしょうが、本人が語ったことを分かりやすく書いていて、単純な内容になっています。そんなに難しくは書いていないですよね。

政治家を長くやっている人などには、回顧録《かいころく》のような本を難しく書く人はいますが、とにかく、分かりやすくしないといけません。

## 3 「松下政経塾」との決定的な違《ちが》い

HS政経塾生には「プロの意識」を持ってほしい

司会　あのー、それでは、HS政経塾……。

大川　（笑）邪魔《じゃま》しました？

司会　すみません。

江夏　（笑）

司会　ＨＳ政経塾は、二〇一〇年に開塾いたしましたが、この三年間、塾長を務めていらっしゃる江夏塾長に、「塾長として思っていること、感じていること」をお伺《うかが》いできればと思います。

江夏　ＨＳ政経塾を大川総裁につくっていただいたことは、「政治に対して本気である」という、社会に対する意思表示であると思いましたし、「これから、ずっと政治活動に取り組んでいき、将来に対して責任を取るのだ」というメッセージであろうと私は感じました。

それで、「将来、総理大臣や大臣ができる人材を本気でつくっていく」ということを肝《きも》に銘《めい》じて、これまで率先垂範《そっせんすいはん》でやってまいりました。

大川　今、宗教法人の幹部から政党に出ていっている人たちは、いざとなったら出戻《でもど》ってくるつもりかもしれませんが、ＨＳ政経塾生たちの場合、政治家になれなければ、あまり意味がないですからね。そのために勉強したのに、政治家になれなければ悲しいでしょう。

だから、プロの意識を持つことが大事です。今は、とりあえず耕している段階ですが、「プロの時代がやってくる」という挑戦《ちょうせん》をしているわけです。

## 「無税国家論」を学んだ首相が増税をかける矛盾《むじゅん》

大川　それと、もう一つ。こういう塾をつくった人は、最近では、松下幸之助《まつしたこうのすけ》さんしかいませんけれども、今、ちょうど面白《おもしろ》い時期に入りましたね。

つまり、現在、松下政経塾の一期生が総理大臣になっていますが、彼は、「無税国家論」を説いた幸之助さんに学んだはずなのに、増税をかけていて、天上界《てんじょうかい》の幸之助さんから、「君は、うちの会社を潰《つぶ》す気か！」と言われているわけです（『松下幸之助の未来経済リーディング』〔幸福の科学出版刊〕参照）。

最近の新聞を見ると、パナソニックは、二〇一三年三月期の業績見通しで、約七千五百億円の赤字だそうです。前年のものと合わせたら、約一兆五千億円の赤字ですから、これは大変なことです。幸之助さんの頭の毛は、全部抜《ぬ》けてしまっているのではないでしょうか（笑）（会場笑）。すごいと思いますよ。

幸之助さんは、「無借金経営」と「無税国家論」を説いていたんですよ。それなのに、政治家を出し始めたら、増税をかける一期生は出てくるし、会社のほうは、「経営の神様」の経営から離《はな》れて、一兆五千億円もの赤字をつくったわけです。これは、もう、「国税が投入されるか、サムスンに吸収されるか」という恐《おそ》ろしい選択《せんたく》が迫《せま》っていますね。

シャープだって、四千五百億円も赤字を出しているし、おそらく、ソニーも危ないはずですが、自分のところの卒塾生が国政のトップに立ったら、あっという間に、日本経済が壊《こわ》れたわけです。路線は正反対で、教えられたことと、やっているることが全然違《ちが》います。

## リストラで新製品の開発能力が落ちたパナソニック

大川　会社のほうも同じです。会社の幹部もいちおう弟子《でし》だったのだろうと思いますが、幸之助さんの経営の本をいくら読んでも、実践《じっせん》はしていません。

アメリカ法人の社長をした中村《なかむら》さん（中村邦夫《くにお》・現相談役）が帰ってきて、建て直し、V字回復を成し遂《と》げたことで、一時期、拍手喝采《はくしゅかっさい》になったけれども、問題はそのあとです。

アメリカ的な経営では、経費を削《けず》って、短期で利益が出るようにすればよいわけですが、生前の幸之助さんは、クビ斬《き》りをできるだけしないように、ずっと頑張《がんば》っていました。そういう話を美談のように書いていますから、なるべく、そちらのほうは読ませないようにしたわけです。そして、幸之助さんの教えのなかで、「日に新た」という言葉だけ取り出し、「イノベーションによって、いくらでも変えて構わない。私は幸之助さんの教えに忠実にやっている」と言っていました。

その後、大規模リストラをやりましたが、結局、技術者をそうとう辞《や》めさせてしまったために、新製品の開発能力が落ちたのです。

確かに、経費を削れば黒字は出ます。しかし、新しく開発する能力がなければ、技術的には、どんどん競争に負けていきます。当たり前のことですよね。

リストラによって、目先の黒字は出せるけれども、技術者をつくるのには、何十年もかかるわけです。何十年もかけて育てている技術者を簡単に削ってしまい、それで「黒字を出した」と言って喜んでいるのであれば、幸之助さんとしては、「こんなことは教えとらへん」と言いたいところでしょうね。

先日、ダイエーの中内㓛《なかうちいさお》氏が、「松下幸之助さんは、神様の座から引きずり降ろされるのではないか」と言っていましたが、まさしく、「今、大変なときだ」という感じがします（二〇一二年十月二十六日、中内㓛氏を招霊《しょうれい》し、「『ダイエー創業者　中内㓛・衝撃《しょうげき》の警告』――日本と世界の景気はこう読め――」を収録した際の発言）。

いよいよ、時代が変わろうとしているのかもしれません。

江夏　ＨＳ政経塾が取って代わります（笑）。

大川　ええ。そろそろ、優秀《ゆうしゅう》な人は、こちらにおいでくださったほうがよいかもしれませんね。

「無借金経営をやろう」と思えば、本当にできる

江夏　以前、私は、松下政経塾出身の政治家たちに会って、「無税国家論」が特集された月刊「ザ・リバティ」（二〇〇六年一月号）を献本《けんぽん》したことがあります。そして、「この政策をやりますか」と訊《き》いたところ、「幸之助先生が言ったことなので、ぜひやりたい」という人も一部いたのですが、けっこう多くの松下政経

塾出身の国会議員が、「それは、昔、松下幸之助さんが言ったことなので、できないですよ」と、しゃあしゃあと言うわけです。

大川　本当に分かっていないんですよ。無借金経営も、本当はやろうと思えばできるし、やっているところもあるんですが、「できない」と思っている人には、本当にできません。

「まずは借金をし、それで、いろいろなものを整える。いろいろと仕入れたり、人を雇《やと》って給料を払《はら》ったりして仕事を始める。そして、三年から、最長でも十年ぐらいで収支のバランスを取って生き残れるようにする。これが資本主義のシステムだ」と考えている会社が、おそらく、九十九パーセントぐらいだと思います。

新規で事業を立ち上げるときでも、多くの人々は、「三年分ぐらいの資金を借りて、その間に、何とか軌道《きどう》に乗せる」というかたちでベンチャーをやったはずです。そういう人たちには、幸之助さんが、「黒字をつくって、無借金にしていくことは、そう思わなければできません」と言っている意味が、本当に分からないらしい。

しかし、稲盛《いなもり》さんは、それを聞いて分かったらしいんですよね。それで、京セラをつくりましたし、私にも、その意味が分かったんですよ。

## 立宗《りっしゅう》以来、「無借金経営」を実現している幸福の科学

大川　幸福の科学の無借金経営は、もう二十七年目に入りました。一部、銀行から長期で借りたものも少しあるため、完全にゼロではないのですが、九十九・何パーセントは自己資金です。

しかも、全世界に精舎《しょうじゃ》を建て、全国に支部や正心館《しょうしんかん》等を建てて、幸福の科学学園を二校つくり、政党やＨＳ政経塾もつくって、さらに大学もつくろうとしてい

ます。これで無借金経営なんですよ。

江夏　すごいですね！

大川　ええ。これを、全部、無借金でやっているんです。これは、「やろう」と思わなかったらできませんよ。

一方、同じ宗教でも、銀行から百五十億円とか、三百億円とか、お金を借りて、総本山《そうほんざん》を建てている借金経営型のところもあります。しかし、建てたあとに、バブル崩壊《ほうかい》などで担保価値が下がったため、銀行から「お金を返してくれ」と言われても、返せずにあっぷあっぷ言っているんですよ。宗教が本山を売り飛ばすわけにいきませんよね（笑）。かっこ悪くて、売るに売れないはずです。

そういうことが、現実に起きているので、「思わなければできない」ということの意味は、そんな簡単に分からないし、信じられないでしょう。

しかし、当会は、現実に、無借金経営をやっているわけです。レンタルの支部もありますが、全国に支部精舎を二百数十ほど建てていますし、正心館などの大きな施設《しせつ》も二十幾《いく》つは建てています。また、海外のほうでも建て始めています。また、学校にしても、ものすごく巨大《きょだい》なものですよ。ついに大学にまで手を出そうとしているわけですが、全部、無借金でやっています。つまり、「やろう」と思えば、できるんですよ。

ただ、私も、初動期だけは、「そんなことはできないのではないか」という気持ちのほうが強かったですね。九十九パーセントの人が、「そんなこと、できるわけがない」と思っているわけですからね。

幸福の科学は、信者宅の六畳《じょう》一部屋を借りて始めましたが、確かに、初動資金として、文房具《ぶんぼうぐ》を買うために、大家《おおや》から三万円を借りました。でも、一カ月後には返しましたので、一カ月で無借金経営を達成しています（会場笑）。その後、アルバイターを二人雇って、毎月五万円ぐらいずつ払いました。そのうちの一人には、焼き鳥屋で働きながら手伝ってもらっていたのです。

それから、私は、初転法輪《しょてんぽうりん》（一九八六年十一月二十三日に行われた初めての説《せっ》法《ぽう》）に向けて、小冊子六冊分の原稿《げんこう》を書きました。それぞれ二十枚ぐらいの手書きの原稿でしたが、ワープロで打ってもらったものをホッチキスで綴《と》じて、小冊子を六種類ほどつくりました。一冊二千円という少し高めの値段でしたけれども、それを全国から集まった九十人ぐらいの方に買ってもらって、九十万円ほどの初動資金ができたわけです。これが翌年の資本金になりました。

第一回講演会は、八七年三月に牛込《うしごめ》公会堂で行いましたが、その当時、公会堂は、十万円ほどで借りられたので、その資金で講演会ができたんですよ。そのときは参加費千円で行いましたが、私は、そういうところから回して、だんだんと会を大きくしてきたのです。

このように、無借金経営は、私が実際にやってきたことです。本当にできるんですよ。だけど、「できる」と思わない人にはできないんですよね。まあ、それだけのことです。

## 今、「国師《こくし》の交代時期」が来ている

江夏　松下政経塾の人たちは、いったい、何を学んでいたのだろうかと思います。

大川　幸之助さんは、私より、もっと厳しいというか、せこいと言えばせこいですよね。政経塾生たちに、洗濯機《せんたくき》などを売らせていましたからね。私の場合、さすがに、それはやらせていませんよ。

松下政経塾では、塾生たちに〝給料〟（研修資金）を二十万円ぐらい出していたとは思いますが、それを払うために、ノルマをかけていました。月に二百万円以上、松下の製品を売らせれば、十パーセントは経常利益が出るので、きちんと元が取れているんです。

江夏　（笑）そうですか。

大川　ＨＳ政経塾では、さすがに、それはやらせていません。それでも、毎月、きちんと「研修費」は出ているでしょう？　だから、あそこよりは、勉学に励《はげ》めますし、活動できるような状況《じょうきょう》にはなっていますよね。

また、内容的に見れば、向こうは、商売哲学《てつがく》を中心にしたものであって、本当の意味での政治哲学は持っていないと思います。晩年、幸之助さんも志を持たれたと思うんですけど、そのへんには、少し違いがあるのではないでしょうか。

幸之助さんは、経営で成功されてから、六十五歳《さい》以降、一般《いっぱん》的な人生論や国家論等を説き始められています。言論で活躍《かつやく》され始めたあたりからは、あの人も、一種の国師《こくし》だったとは思います。

ただ、「今、国師の交代時期が来ている」ということではないでしょうかね。

江夏　はい。そうですね。

## ＨＳ政経塾には「ソフト」と「組織」がある

江夏　実は、当会の信者さんのなかに松下政経塾の卒塾生がおられまして、開塾する前に、「松下政経塾では、どうだったか」ということを訊きに行ったのです。すると、その方は、「ＨＳ政経塾のほうが、松下政経塾よりもよくなることは目に見えている」とおっしゃっていました。

大川　そうですか。

江夏　「なぜですか」と訊きましたら、「ＨＳ政経塾にはソフトがある」と。

大川　そうなんです。

江夏　ええ。

大川　そのとおりなんです。

江夏　そのことが、彼には分かっていたんですね。開塾にあたり、私は、一生懸《いっしょうけん》命《めい》、いろいろなカリキュラムを組んでいたんですけれども、「そんなに違うものなのか」と驚《おどろ》きました。

大川　実は、松下政経塾には、政治ソフトがないんですよ。

あそこでは、四年間（二〇一〇年入塾者までは三年間）勉強して卒塾すると、「とにかく各自勝手に頑張れ」と言われるそうです。卒塾生が「どうやって頑張ったらいいのですか」と訊いたところ、「とにかく目立て。目立っていれば、そのうちどうにかなる」というアドバイスだったらしいですね。「自己ＰＲに励みなさい」ということなのでしょう。

一方、当会の場合は、もちろん宗教なので、すでに全国に信者組織を持っていますし、それに先立って、まず私が教えを説きますから、そういう意味で、「ソフトがあって、組織があって、次に行動がある」というスタイルです。だから、初めのうちは、うまくいっていないように見えるかもしれませんけれども、いざ、動き始めたら、これは軍団風にグワーッと行き始めるスタイルなんですよ。

今、先行して威張《いば》っている政党がたくさんありますが、私から見れば、〝ザルのような政党〟や〝豆腐《とうふ》型政党〟がとても多いし、空気だけで動いている烏合《うごう》の衆なので、当会がそうしたスタイルを組んで本格的に動き始めれば、全国一律で勝ち始めるようになると思うんですよ。

その前提としては、やはり、宗教の部分が盤石《ばんじゃく》であることが大きいでしょうね。小さな出版社が映画をつくり、赤字を出して潰れるような感じで、「宗教が、力もないのに、政治活動をやってしまい、その後、撤退《てったい》する」という例はたくさんあります。

政治活動には、基本的に散財型に見えるところがあるので、本業である宗教のほうに力がないと、あっという間に食われていきます。要するに、体力が続かなくなるんですよね。

これも、「ダム経営」と同じような考え方ではありますが、やはり、ある程度、宗教のほうに力がないと、政治活動をやり続けることはできないでしょう。

そういう意味では、マスコミ等も、そろそろ当会の怖《こわ》さが分かってくるころだと思います。しかし、今は、三回目の大きな挑戦に向かっているところで、「まだ、何とも思っていない」というあたりなのかもしれません。

確かに、今はまだ、ＨＳ政経塾生を育てている段階で、マーケットリサーチをしている最中です。つまり、いろいろなやり方をして、「どんなふうにすれば、どんな結果になるのか」という情報を集めているところですね。

その松下政経塾の卒塾生が、「ＨＳ政経塾にはソフトがある」と言っていたとおり、今後、それは厚くなる一方でしょう。おそらく、どんどんどんどん、ソフトが厚くなっていくだろうと思いますね。

江夏　はい、そうですね。

## 4　マクロの視点で「本質」をつかめ

### ＨＳ政経塾は「ハーバード・ビジネス・スクール」を超《こ》えるか

司会　今、大川総裁から、「松下村塾《しょうかそんじゅく》とＨＳ政経塾との違《ちが》い」というお話を頂きましたが……。

大川　いや、松下村塾じゃなくて、松下《まつした》政経塾です（笑）。まあ、紛《まぎ》らわしいですね。

司会　申し訳ございません（会場笑）。
ここで、江夏塾長には、さらに具体的に、松下政経塾とＨＳ政経塾との特徴《とくちょう》的な違い、例えば、「ＨＳ政経塾でしか学べない政策」等についてお伺《うかが》いできればと思います。

大川　少しはＨＳ政経塾のＰＲもしておかないといけませんね。
「富士山への登山」と「フルマラソン走破」は分かりましたが、それ以外にはどんなことをしているんですか。

江夏　大川総裁から頂いた政策は、基礎《きそ》レベルをはじめとして数多くのものがありますので、それを追うだけでも、かなりの忙《いそが》しさです。

また、いざ、政治家になったときには、さまざまなことが突発的《とっぱつ》に起こるたびに、先生にお伺いできるわけがありませんので、「判断力をつけるために、しっかりと仏法真理《ぶっぽうしんり》を学んでおく必要がある」と考えています。さらに、経済学や政治思想などについても、その根本《こんぽん》のところから学んでいこうとしています。

これが、今、ＨＳ政経塾で目標としていることなんです。

大川　うーん。それは、たいへんな労力ですね。本当に、「人生の大学院」でもつくっている感じかな？　ハーバード・ビジネス・スクール（経営大学院）を超《こ》えてしまうかもしれませんね。

江夏　ええ。一年で、ハイエク、アダム・スミス、シュンペーター、ドラッカー、ケインズなどを、ダーッと勉強するので……。

大川　それは難しいですね。

江夏　実際に、悲鳴は上がっていますけれども……。

大川　それを〝マンガ〟のように読むのが、うちの宗教なんですよ。

江夏　（笑）

大川　（笑）読んでしまうんですよ。専門家がウンウン言いながら行間を読んでいるような内容を、「こういうことですね」と、あっさりと本質をつかんでしまうのが当会なんですよね。

でも、そのようにパッと簡単につかんでしまうものが、意外と当たっているんですよ。

江夏　そうですね。

## 私の「日銀」「朝日新聞」批判本に追従するマスコミ

大川　先日、出たばかりの月刊「テーミス」（二〇一二年十一月号）には、明らかに私の本の影響《えいきょう》と思われる記事が二つほど載《の》っていました。

一つは、日銀の白川《しらかわ》総裁に対する意見記事（「白川日銀総裁の元《げん》・ウォン安が不況《ふきょう》の元凶《げんきょう》だ　日銀『反白川派』円高政策阻止《そし》へ決起した」）、もう一つは、朝日新聞が、例の〝ノーベル文学賞を取り損《そこ》なった作家〟を使い、自社の意見を代弁させていることを書いた二ページものの記事です（「若宮《わかみや》主筆の社説もおかしい

が　朝日新聞の狡猾《こうかつ》――社論を『村上春樹《むらかみはるき》』に託《たく》す」）。

朝日については、以前、私が『小室直樹《こむろなおき》の大予言』（幸福の科学出版刊）で語った内容と同じですね。

また、白川総裁についても、最近になって、結局、三十兆円近くの金融緩和《きんゆうかんわ》策を決めたようです。

## 世界経済の流れが見えていない日銀・白川《しらかわ》総裁

大川　日銀に対しては、あの立木《ついき》さんでさえ口を尖《とが》らせて、「金融緩和をしなければ駄目《だめ》だ」と、今年の年初から言っていましたが（『国家社会主義への警鐘《けいしょう》』『日銀総裁とのスピリチュアル対話』『平成の鬼平《おにへい》へのファイナル・ジャッジメント』〔いずれも幸福実現党刊〕等参照）、ちょこちょこと小出しにして、やっと今ごろ出してきたわけです。

しかし、「国内の中小企業《きぎょう》が潰《つぶ》れていく」という程度の予測はしていたのかもしれませんが、中国への投資が焦《こ》げ付いたり、韓国《かんこく》企業との競争に敗れかけたりして、大企業までもが大きな赤字を出し、次々と潰れていく懸念《けねん》が出てきて、ようやく、「この不況は恐慌《きょうこう》化するおそれがある」ということが、頭のなかでつながってきたようです。

ただ、この前、東京で開催《かいさい》されたＩＭＦ総会（二〇一二年十月十二日から十四日）では、世界経済における欧州《おうしゅう》金融危機等の問題が議論されていたのですが、彼は、いまだに「金融機関の健全化」のようなことを主張していたんですよ。

もちろん、不良債権《さいけん》の引き揚《あ》げをすれば、銀行自体のバランスシート（貸借《たいしゃく》対照表）はよくなりますけれども、それは、企業をたくさん潰すことを意味しているのです。

「まだ立ち直る可能性のある企業でも、『危ない』と思ったら、融資をすべて引き揚げ、銀行が助かるように対策をとる国は、ユーロ圏《けん》内にとどまらせてやる」ということなんでしょうが、数多くの企業を潰すことによって大勢の失業者が出れば、政府が失業者対策等に多額の予算を出さなければいけなくなりますよね。ところが、景気の悪化により、税収が下がるため、結局、財政赤字となり、政府のB《ビー》／S《エス》（バランスシート）も必ず悪くなるわけです。

白川《しらかわ》総裁は、このあたりの全体の流れが見えていないのではないでしょうか。

## 今、考えるべきは「インフレ懸念《けねん》」ではなく「経済拡大」への方策

大川　ところで、今日の産経新聞に、「ザ・リバティ」、および、私と弟子《でし》との対話本（『野獣《やじゅう》対談——元祖《がんそ》・幸福維新《いしん》』『「アエバる男」となりなさい』『「人間グーグル」との対話』〔いずれも幸福実現党刊〕）の広告が載っていましたが、そこには、半袈裟《はんけさ》を掛《か》けた毛坊主《けぼうず》のように、半分お坊さんの格好をした私の写真付き

で、「銀行のバランスシートだけ見ていると企業への資金供給が不足して大恐慌が起きる」というメッセージが書かれていたんですね。

その広告を見て、「こんなこと、お袈裟をつけて言うことか？　何だか生臭《なまぐさ》くて申し訳ないな」と思いつつも（会場笑）、要は、「バンキングシステムを守ったところで、恐慌は防げないぞ！」ということが述べたかったのです。

結局、銀行のシステムを守ることによって、経済を守ったり恐慌を防いだりできるわけではないんですね。しかし、多くの会社が潰れたら恐慌になるので、潰れないようにしなければならないのです。

会社が潰れる理由は、まさしく「緊縮《きんしゅく》財政」にあり、「インフレファイター」と称《しょう》して、現状維持ばかりに執着《しゅうちゃく》する日銀トップの心が、それを起こしているんですよ。

したがって、今、本当に心配すべきは、「インフレ懸念《けねん》」ではありません。

世界経済を拡大しなければ、貧乏人《びんぼうにん》が増える構造になっているのです。

今、世界の人口は七十億人から百億人に向かおうとしています。ほんの短い期間で百億までいこうとしているわけです。七十億人が百億人になるとき、その人たちを食べさせていけるだけの事業を、何かつくらなければならないんですよ。新規事業をつくり、彼らに給料を支払《しはら》えなければなりません。

そうすると、絶対に、資金の供給を増やさなければ駄目です。これは、インフレではなく、「経済の拡大」なんですよね。経済の拡大をしなければ、これから増えていく世界の人口を賄《まかな》えるようにはならないんですよ。

これが分からずに、「とにかく、〝鎖国《さこく》〟状態にして、一国の現状維持だけしておけば、国家が潰れないで済む」などと思っているトップに間違いがあるのです。だから、「その頭を〝兜割《かぶとわ》り〟しなければならない」と考え、失礼を顧《かえり》みず、専門家中の専門家と思われる人たちに撃《う》ち込《こ》んでいるわけですが、年初から弾《たま》を撃ち込んでいるにもかかわらず、いまだに分からないようです。

## 専門家は細部に入りすぎて「マクロの視点」を見失いやすい

大川　もともと、白川総裁は、アメリカへ留学したときに、サプライサイド経済学、要するに、「資金の供給量を増やすことで、経済成長を図《はか》る」といった理論を勉強して、博士号を取り、「アメリカに残って、大学で教えないか」とまで言われた人です。しかし、日本に帰ってきてから実行していることは、資金を出さずに、一生懸命《いっしょうけんめい》に抑《おさ》え込《こ》むことばかりですよね。

江夏　分かっていないですね。

大川　実際には、何も勉強してこなかったのでしょう。日銀総裁としての仕事を見れば、留学時には英語を理解するだけで精いっぱいだったことがよく分かります。本当は、経済のことが理解できていないのです。「いったい、何を、どうすればよいのか」ということを、マクロの視点でパシッと簡単につかまなければいけないんですね。

お坊さんの格好をしながら、政治や経済にまで口を出すのは、まことに申し訳ないのですが、真理とは、さまざまな面を持っているものですのでね。

江夏　専門家は細かいところに入りすぎているために、逆に、全体が見えなくなっている感じがします。

大川　そうです。ほかの部分が分からないんですよ。

## 増税に政治生命を懸《か》ける野田《のだ》首相が招いた「パナソニック倒産《とうさん》危機」

大川　私は、財務省に対しても厳しいことを述べましたが（『財務省のスピリチュアル診断《しんだん》』〔幸福実現党刊〕参照）、その意味が分からずに、野田《のだ》首相は、「命を懸《か》けて実現する」と言って、この夏、消費税増税法案の成立に血道《ちみち》を上げました。民主党政権がどんどん景気を悪くし、大企業まで潰しかかっているのに、さらに増税に入ろうとするのは愚《おろ》かなことです。

そして、十一月の段階で、パナソニックが約七千五百億円もの赤字（二年で計約一兆五千億円）を出し、「国費を投入しなければならないかもしれない」という段階まで来て、ようやく、「あれ？　もしかして、何かおかしいのかな？」と気づいたのでしょうか。私は、「そこまで見せなければ、自分たちのしていることがおかしいと分からないのか」と言っているわけですよ。

立木さんとの対談（前掲《ぜんけい》『国家社会主義への警鐘』参照）でも指摘《してき》しましたが、私は、二年以上前から、「流れは、国家社会主義の方向へと向かっている」と述べています。

実際に、原発問題の東京電力や、ＪＡＬ《ジャル》の再建など、すべてそうでしたが、「国が企業経営に口を出し、税金も出す」というスタイルですよね。こういうことばかりしているのが民主党政権の本質ですよ。これが国家社会主義であることを本当に分かっていません。「経済繁栄《はんえい》」の意味が分かっていないんですね。

ですから、野田首相には、「政治生命を懸けて消費税率を上げる法案を通したことを、今の段階で考え直してみたときに、本当に正しいと思うか」と問いたいところです。「自分のお世話になった松下政経塾の本体である企業が、一兆五千億円もの赤字を出していて、それでも、あんた、ほんまに増税かけるのか」と、松下幸之助《こうのすけ》先生が怒《おこ》っている意味を本当に分かっているのでしょうか（『松下幸之助の未来経済リーディング』参照)。
　下手をすれば、パナソニックは本当に潰れますよ。

江夏　そうですね。

大川　それを「間違っとる」と怒っているのに、「『死人に口なし』だ。霊言《れいげん》するほうが悪い」と思っているならば、間違いですね。

## ゼネラルな思考をする幸福の科学に世界が学ぶべき時期

江夏　幸福の科学はトータルな学びをする宗教ですので、むしろ、「これからは、この宗教のようにゼネラルな考え方をする人のほうが、物事の見える時代が来るのではないか」という感じがするんですね。

大川　そうなんですよ。企業経営においても、社内で英語を公用語化し、アジアやその他、さまざまな地域に進出してグローバルな国際経営を目指しているような経営者であったとしても、「政治問題が見えないために、経済危機も見えていない」という面があるようですね。

江夏　そういうことが分かるような塾生を育てていきたいと思います。

司会　今のお話を伺って、宗教の必要性を改めて感じました。

そういった意味でも、大川総裁の教えを世界中の人々が学ぶことにより、経済面においても正しい政策が行われ、景気を上昇気流《じょうしょう》に乗せることができるようになることが望まれます。

# 5　父への想《おも》い・出家《しゅっけ》の覚悟《かくご》

## 江夏塾長の父・吉徳《よしのり》氏は東大法学部の先輩《せんぱい》

司会　ところで、江夏塾長は、一九八七年、二十歳《さい》のときに幸福の科学に入会し、翌八八年の五月研修（群馬県吾妻《あがつま》郡草津《くさつ》町で開催《かいさい》）にも参加されたそうですが、その当時のエピソードなどをお聞かせいただけますでしょうか。

大川　おぉ！　八七年とは早いですね。

江夏　ええ、時間だけは……。

大川　でも、これは、実は、彼のお父さんの影響《えいきょう》だろうと思います。

江夏　（笑）

大川　江夏さんの父親（吉徳氏《よしのり》）は、確か、東大法学部卒で、私の先輩《せんぱい》なんですよ。昭和二十八年前後の卒業でしたかね？　もう少しあとの三十一年ぐらいでしたでしょうか。

江夏　そうですね。一時期、病気だったことがあるので、三十四年卒だったと思います。

大川　お父さんは、九州地方を中心に活動されたと思いますが、教団初期からけっこう活躍《かつやく》をなされ、信仰者《しんこうじゃ》としてのよい手本を見せてくださった方です。

## 他の教団幹部に「師弟《してい》の姿勢」を示した吉徳《よしのり》氏

大川　幸福の科学を始めた当時は、私もまだ若く、三十歳になったばかりでしたので、教団幹部として自分より若い人を使おうとすると、仕事もまだあまりできない二十代になってしまいます。そのため、実際、初期の幹部になったのは、四十代から五十代、六十代の人たちだったんですね。

当時の幹部は、いちおう、高学歴で、有名な大企業《きぎょう》から来ており、私よりも十歳、二十歳、三十歳も年上の人たちでしたので、けっこう難儀《なんぎ》をしました。私が教育しようとしても、「そうは言っても、自分のほうが年上で人生経験も長い」と威張《いば》っていて、教育されるのを嫌《いや》がる傾向《けいこう》があったのです。

「自分の経験からいけば、これはこうすべきだ」と、まずは自分流にやってみたいという気持ちが強く、最初の一年ぐらいは本人の思うとおりにさせないと許さない人が多かったですね。

あまり直接にガーンと怒《おこ》ると、「失礼だ」と言って、向こうも角《つの》が生えてくるので、私も、いちおう、遠回しに注意をするんですけど、なかなか分からないまま、失敗するまでやってしまうことが多かったんですよ。そこまでいって、初めて、「この件について、あなたは、ここを間違《まちが》えましたね」と、私も指摘《してき》することができたわけですね。とにかく、自分が失敗するまでは言うことをきかなかったのです。

江夏　はい。

大川　その点、あなたのお父さんは、東大の何十年も先輩に当たる人なんですけれども、非常に腰《こし》の低い方で、他の人によい見本を見せてくれましたね。「大学の先輩・後輩の立場ではあっても、宗教の『師と弟子《でし》』の関係においては、それが逆転することもある。いくら、何十年も後輩であり、三十歳あまりの若い宗教家であっても、自分の先生なんだ」ということで、腰を低くして、私を立ててくださいましたが、他の人のよい見本になりました。

江夏　ありがとうございます。

大川　今、年齢《ねんれい》はお幾《いく》つになりますか。

江夏　昭和七年生まれですので、もう八十歳になります。

大川　ああ、私の母と同じぐらいの年ですね。そうすると、私よりも二十四歳上になるでしょうか。

そういうわけで、その姿勢が、東大法学部を出たわけでもないのに威張っていた他の幹部たちに対する、ある意味での非常に柔《やわ》らかな批判になっていたと思います。さように、柔軟《じゅうなん》に、丁寧《ていねい》に、物腰柔らかく、「先生のおっしゃるとおりにしなければいけないのだ」という姿を見せることで、側面から教育をしてくださっていたように感じるんですね。

あなたは、その方の息子《むすこ》さんだから、二十歳の若さで目覚めたのも、決して、あなたの悟《さと》りが早かっただけではないでしょう（会場笑）。

江夏　ええ。父のおかげだと思っています。

## 「出家《しゅっけ》の重み」を教えられた正月のエピソード

江夏　父には、少し昔気質《かたぎ》なところがあるんですが、出家《しゅっけ》（幸福の科学への奉《ほう》職《しょく》）ということについても、一つの考えを持っていました。

大川　うん、うん。

江夏　これは、私が出家させていただいた直後のお正月の話なんですが、食事の席につくとき、父は、「今日は、おまえが上座《かみざ》だ」と言ったのです。

大川　おお、さすが、偉《えら》い、偉い！

江夏　父の上座に座るのは、本当に申し訳なかったんですけれども、「出家とは、こういうことなんだ」と気づかせていただきました。

大川　いや、それは、実に偉い。本来、そうでなければいけないんですよ。そのようなことは、やはり、「真理」や「信仰」、「あの世」といったものを本当に分かっていなければ、できることではありません。それは、「この世的な人間」にはできないんですよ。

江夏　はい。

総裁を立て、前座に徹《てっ》した実父《じっぷ》・善川三朗名誉顧問《よしかわさぶろうめいよこもん》

大川　故・善川三朗名誉顧問《よしかわさぶろうめいよこもん》なども、私の父であり、いちおう親子ですから、本

心では、「自分のほうが偉い」と主張したかったところでしょうけれども、宗教としての公的な場においては、八〇年代当時、私のことを「主宰先生《しゅさい》」と呼び、「あちらが御法《ごほう》を説かれます。私は前座を務めます」と言って、きちんと立ててくれました。

やはり、「実の親子であっても、表向きはそうでなければいけない」と考えていたのだと思います。「主宰は大法《たいほう》を説かれます。私が説くのは菩薩《ぼさつ》の法です」ということで、公的な立場をキチッと守っていましたね。もちろん、私的には、「俺《おれ》がオムツを替《か》えたんだ」という思いもあったのかもしれませんけれども、公的にはそのような姿勢を貫《つらぬ》いていました。

だから、昔の人もそれなりに偉いですよね。

江夏　そうですね。

## わが子の資質を見極《みきわ》め、勉強に専念させた善川名誉顧問《よしかわめいよこもん》

大川　現代の人はけじめが緩《ゆる》くなっています。そういった「師弟《してい》の道」のような感覚が分からないのです。

江夏　私は、あのとき、逆に、身が引き締《し》まりまして、「ああ、これはもう本気で修行《しゅぎょう》をしないといけない」という気持ちになりました。

大川　うーん。いやあ、それは、やはり、お父さんが偉いんですよ。

私の家でも、そのようなことはありました。

小さいころ、親が私のことを「バカだ」と思っていたときには、雑用もたくさんさせられていたのです。しかし、「どうやら賢《かしこ》いらしい」と分かってきたあた

りから、「この子には、雑用よりも勉強をさせなければいけない」と思ったらしく、急に親子の役割を変え、「あなたは勉強に専念しなさい」と言って、雑用はすべて親が引き受けるようになったんですよ。

そのような見極《みきわ》めをする部分は、「親として偉い」と思うんですよね。

あなたのお父さんも偉いですねえ。

## 伝道への熱意を抑《おさ》えがたく、大学を飛び出した若き日の江夏塾長

大川　ところで、あなたは、学生時代に伝道活動をしすぎたために、大学を蹴《け》っ飛ばして、途中《とちゅう》で出てきてしまったんでしょう？（会場笑）

江夏　はい。すみません（笑）。

大川　そのことを政経塾生につつかれているんじゃないですか。

江夏　いやいやいや（笑）。

大川　別に、単位が取れなかったわけでも、勉強が嫌になったわけでもなく、やはり、早く仏法真理《ぶっぽうしんり》の活動に打ち込《こ》みたくて、幸福の科学のもとに駆《か》けつけてしまったんでしょう？

江夏　そうです。

大川　そのあたりのことは、塾生にも分かってもらわないといけませんね。

江夏　大学一年のときから仏法真理の本を読み、「もう勉強している場合じゃないのではないか」と、居ても立ってもいられなくなりまして……。

大川　そうそう（会場笑）。

江夏　（笑）学部が理系でしたので、特に……。

大川　うん。工学部だと、下手をしたら、学べば学ぶほど、仏法真理から遠ざかる可能性もありますからね。

江夏　ええ。自分は、「大阪《おおさか》大学の〝幸福の科学学部〟にいるのだ」という気持ちでおりました（笑）。

大川　ああ、なるほど。自分で「人間幸福学部」（「幸福の科学大学」〔二〇一五年開学予定〕に設置される学部の名称《めいしょう》）をおつくりになったわけですね。

江夏　ええ、もう。

## 「人生の使命」が見えた人は早くその道に入るほうがよい

大川　昔から、外務省キャリアのように、大学在学中、外交官試験（現・国家総合職試験）に早く受かってしまった人は、卒業を待たずして、パーッと外交官になっていましたけど、まあ、あんな感じですよね。

江夏　勝手にやっていました。

大川　若い人にも分かるように言えば、ビル・ゲイツのようなものでしょうか。彼は、ハーバード大学に入ったものの、「今すぐITビジネスに入らなければ、後《おく》れを取ってしまう。こんなところで、卒業まで勉強している暇《ひま》などない。三年も後れたら、もう終わりだ」ということで、大学を中退しましたが、言わば、あんな気分でしょうかね。

江夏　まあ、そうですね。

大川　中退のタイミングも似ていますけどね。

江夏　それで、グワーッと活動して、大学を中退したんですけども……。

大川　いいの、いいの（会場笑）。それは〝勲章《くんしょう》〟ですよ。

江夏　ただ、あとで考えてみますと、「やはり、勉学もして、活動もして、きちんと中道《ちゅうどう》で頑張《がんば》るほうが、本当はきついのではないか」と思っています。

大川　ああ、それはそうでしょうけれどもね。人生において、まだ何をするかが決まっていない場合には、キチッと手順を踏《ふ》んで満行《まんぎょう》するのが筋だと思います。しかし、すでに、何をなすべきかが分かってしまった場合には、ある程度、やむをえないと思うんですよ。

例えば、「自分は、プロの音楽家として生きていくべきだ」と思ったら、やはり、大学のセンター試験の勉強を一生懸命《いっしょうけんめい》にするよりも、早く音楽の勉強に入らなければ、その分、プロになるのが遅《おく》れます。そのあたりは見切らなければいけないところでしょう。

また、もし相撲《すもう》取りを目指すのであれば、大学に入れるかもしれないとしても、近畿《きんき》大学の相撲部に入部するよりも、やはり、中学を卒業してすぐに相撲部屋に入らなければ、横綱《よこづな》になど、絶対になれやしませんからね。

やはり、自分の才能の見極めが要《い》るのではないでしょうか。

江夏　大学時代に、「これだ！」というものを見つけた喜びは、本当に、何ものにも替えがたかったですね。

息子《むすこ》の意志を尊重した父親、「救世の情熱」を引き継《つ》いだ息子

大川　「自分の意志を継《つ》いでほしい」という、お父さんの思いもあったのではな

いですかね。真理に目覚めたときには、すでに年を取ってしまっていたので、おそらく、「私はもうできないが、息子《むすこ》にはこの道を進んでもらいたい」という気持ちがおありだったのではないでしょうか。

結局、工学部出身なのに、今、ＨＳ政経塾の仕事をしているのも、本当は、お父さんの気持ちが流れているのではありませんか。

江夏　ああ、そうかもしれません。

どちらかといえば、私の父も自由を好む人間で、常々、「自由にやれ」と語っていました。

私が大学を中退するときにも、「それは、おまえの責任だ。あとで絶対に言い訳をするな。その代わりに、やりたいことをやれ」とだけしか言いませんでした。それが、逆に、うれしかったんです。

大川　うーん、昔の親は偉いなあ。

江夏　ええ。

大川　私たちも、もっと頑張って、偉い親にならないといけませんね。

## 6　真の「自由」とは何か

江夏塾長の過去世《かこぜ》は、憲政に自由主義を持ち込《こ》んだ「板垣退助《いたがきたいすけ》」

司会　今、ちょうど、「自由」という言葉が出てきました。

江夏　（笑）

大川　一回は言っておかないといけないですからね（笑）（会場笑）。羊頭狗肉《ようとうくにく》になるので、一回は言っておきます。

司会　対談のサブタイトルとして、「江夏死すとも自由は死せず」というお言葉を頂いていますが、こちらの意味については、いかがでしょうか。

大川　江夏さんの過去世鑑定《かこぜかんてい》をしたところ、あれは、日本の初代・自由党でしょうか。

江夏　はい、そうです。

大川　初代・自由党の総理（板垣退助《いたがきたいすけ》）ですね。だから、「江夏死すとも自由は死せず」と言えば、「過去世は誰《だれ》か」ということぐらいは分かるのではないでしょうか。今の人には分からないかもしれませんが、明治時代、憲政に自由主義を持ち込《こ》み、自由な言論でもって戦おうとした人です。

言論の自由は大事だと思います。しかし、江戸《えど》時代から明治時代に入った段階では、意外にまだ、そのことがよく分からなかったと思うのです。

江夏　そうですね。

大川　当時の日本人にとって、そんな簡単に分かることではありませんよ。身分の上下《かみしも》が決まっていて、自由にものが言えない時代が長く続いていましたからね。

そういう時代に、言論の自由の下、議論して国をつくっていこうとしたのです。

アメリカ的なものの、いちばんよいところを吸収したわけですね。

過去世には、そういうことをした先人の魂《たましい》があるようです。そのため、江夏さんには自由の精神が入っていて、それが富士山の頂上に登ったり、フルマラソンを走ったりすることに表れているのかもしれません（笑）。

確かに、塾生も、自分の特徴《とくちょう》に合わせた勉強や取り組みをしてよいのではないかと思いますけどね。

## 松下政経塾の教訓に学ぶ「建塾の理念を守ることの大切さ」

江夏　ただ、根本《こんぽん》にある信仰《しんこう》の部分だけは絶対に外さないようにしています。

大川　信仰をなくしたら、幸之助《こうのすけ》さんに起きたのと同じようなことが、ＨＳ政経塾にも起きるのではないかと思うんですよ。

あそこは、「時代が変わったのだから、松下政経塾であろうと、会社であろうと、変えてもよい」と思ったのでしょうが、先人の読みはもっと深かったのです。「そんな簡単に変えられるものではなかった」ということは、あとから分かってくるものなのです。

創立者や創業者の考えは、なかなか、あとの人には分からないため、やはり、物事には「理念」が必要ですね。会社をつくるときには経営理念が必要ですし、宗教をつくる場合でも、ミッションというか、基本的な宗教理念が要《い》りますし、塾なら塾の「建塾の理念」が要ると思うんですよ。

それを大事にしなければいけません。理念を守らなければ、「あとは、もう勝手にすればいい」ということになり、ばらけてしまうのです。やはり、一本、貫《つらぬ》くものを持っていなければいけません。それが、道から外れていくことを防ぐんですよ。

例えば、松下政経塾の卒塾生である野田《のだ》首相が、「政治家になったから、自分のほうが偉《えら》くなった。幸之助さんは政治が分からなかったんだろう。無税国家論なんて、何を言っていたんだ。政府に税金が要るのは、分かっていることではないか」という理屈《りくつ》で、「増税に命を懸《か》ける」と言っていたのであれば、もう破門でしょうから、経歴から「松下政経塾卒塾」というのを消さなければいけないでしょうね。

彼は、「時代が変わったんだ」「自分のほうが偉くなったからいいんだ」と思っているのでしょうが、結果としては、悪いものを引き寄せてくるでしょう。創立者の智慧《ちえ》がどの程度のものだったのかが見えていないのだと思います。

## 才能や能力をもっと発揮できる「自由の大国」をつくれ

江夏　自由ということで言えば、「何をしてもよい自由」ではなく、やはり、「仏に向かう自由」「解脱《げだつ》していく自由」という、「新たな宗教的価値観を含《ふく》んだ自由」が、時代をつくっていくのではないかと思っています。

大川　二〇〇九年の衆院選のときの遊説《ゆうぜい》でも、私は、「自由の大国をつくれ」とずいぶん言ったんですけどね（『自由の大国』――2009街頭演説集⑤――〔幸福実現党刊〕等参照）。

要するに、日本の問題点は、「いろいろな規制や伝統、江戸時代以前から続く平等主義に縛《しば》られていて、本当に持っている才能や能力、起業家精神などが発揮できない」ということです。ここが、今、日本がぶつかっているところなので、これを解き放たなければいけません。

「本来、すべての人に仏性《ぶっしょう》・神性《しんせい》がある。人間は仏の子・神の子なのだ」ということに自信を持ったならば、道を拓《ひら》いていけるわけですが、「それが自由なのだ」ということですよね。

殺人の自由とか、そんな自由を言っているわけでは決してありません。「仏様や神様が理想を実現していける方向で、自らの理想を実現せよ。あなたがたも、仏の子・神の子として、自由に理想を実現していきなさい」ということを言っているわけです。

## キリスト教国やイスラム圏《けん》にも「自由の風」を吹《ふ》かせよう

江夏　「自由の大国」と「宗教立国」は、表裏《おもてうら》の関係のように思います。

大川　そうですね。私が「自由の大国」と言っている背景には、現在の世界の宗教状況《じょうきょう》を見ての考えもあります。

例えば、キリスト教国では、教会制度が長く続いていますが、教会による抑圧《よくあつ》というか、教会によって、要りもしない罪悪感が大量に〝製造〟されているところがありますよね。

教会をやっている人も、本当は分からないのでしょう。私は宗教家なので、そのへんの事情が分かるのですが、彼らは、イエスが説いていないことについては判断できないため、人間心でつくった教会の仕組みや法律のようなもので、この世の世界の動きをいろいろと縛っていきます。その縛りが、罪の意識を生んでいるわけです。

キリスト教国には、それが原因でノイローゼになる人やウツになる人が大勢いるので、ここのところも解放しなければいけないでしょう。

また、イスラム教にも、自由の風を吹《ふ》かさなければ駄目《だめ》ですよ。突風《とっぷう》を吹かせて、あの〝黒マント〟を吹き飛ばさないと、はっきり言って、未来はありません。昔の衣装《いしょう》や生活の仕方をそのまま守っているのでしょうが、それは、明らかに、変えてもよい部分です。神が「これが正しくて、これが間違《まちが》っている」と決めたわけではなく、たまたま、その時代の風習を維持《いじ》しているだけなのです。

宗教というのは、気をつけないと、本当の意味での守旧派《しゅきゅうは》になってしまい、「古いものを守れば、もつ」と考えがちです。

確かに、理念のような大事なものは捨ててはいけませんが、人間がつくった仕組みや制度のうち、阻害《そがい》要因になっているものは、やはり、変えていかなければいけないでしょう。

自由の風を吹かさないと、宗教改革はままならないし、宗教と政治が一体になっているところの改革も進みません。

# 7　中国に「自由の風」を吹《ふ》かせよ

## 外向きには強がってみせている中国の実態

大川　中国も同じです。今日、「インターナショナル・ヘラルド・トリビューン」という英字新聞に、「教育を受けた中国人の海外脱出《だっしゅつ》が、記録的な数になっている」という記事が載《の》っていましたが、これが実態ですよ。

中国は、大国の威信《いしん》を懸《か》けて日本と対決したり、デモを警察で押《お》さえ込《こ》んだり、インターネットにアップされたものを三十秒以内に削除《さくじょ》するような情報統制をしたりして、うまくいっているかのように見せていますが、実際は違《ちが》います。ビジネスで成功し、自由な経済活動がなければ発展しないことを知っている人たちは、すでに海外へ逃《に》げ始めているわけです。これが実態なんですよ。

外向きには、いい格好をして強がっており、尖閣《せんかく》諸島の国有化後も、強圧的に監視船《かんしせん》を出して日本を脅《おど》しまくっていますが、日本の海上保安庁に当たる国家海洋局が、最近、監視船の船員を六人募集《ぼしゅう》したところ、「応募者はゼロだった」とのことです。つい先日、ある新聞に、そういう記事が載っていました。

なぜかというと、「尖閣諸島で揉《も》め事が起きて、死ぬといけないから」だそうです。

江夏　（笑）

大川　応募者がゼロなんです。中国では、今、失業率が一割を超《こ》えていて、アメリカを凌《しの》ぐレベルなのに、海上保安庁に当たるところの六人の募集に、応募者がゼロです。

一方、日本の海上保安庁のほうは、今、人気が高く、倍率は十数倍ですよ。

**江夏**　映画「海猿《うみざる》」の影響《えいきょう》でしょうか。

**大川**　「海猿」効果もあるのでしょうが、日中が緊張《きんちょう》状態にあるなかで、やる気がある人というのは、やはり、使命感があるのでしょう。「仕事がないから、つらいけど、やる」というのではなく、「やらなければいけない」という人が出てきているわけです。

日本は、十数倍の競争率で海上保安庁を受けているのに、中国は、六人募集のところに応募者がゼロなんて……。「命の危険があるから」とのことのようですが、あまりにも現金すぎますね。

江夏　もしかしたら、日本のほうが、本当は愛国心があるのかもしれません。

大川　中国の場合、「つくって見せる」のはうまいんですけどね。政府と、国営放送や国営系のメディアが、マインドコントロールをかけてくるというか、操作した情報を外国に発信し、「よく思わせようとする術《じゅつ》」をかけてくるわけです。このへんは実にうまいと思いますが、現実は違います。

中国人は、「尖閣を守れ！」と言って、あれほどデモを行い、火までかけて日系企業《きぎょう》を襲《おそ》っているので、「よほど根性《こんじょう》が入っているのかな」と思ったのですが、応募者ゼロの記事を見て、「中国人は大したことがない。見てくれで、脅しているだけなんだな」ということが分かりました。中国人の本心は違っていて、本当は、「この政府が早くどうにかならないか」と思っているのです。

また、習近平《しゅうきんぺい》氏は、先の見通しがよくないため、毛沢東《もうたくとう》の時代に戻《もど》そうとし始めています。いわゆる〝温故知新《おんこちしん》〟ですね。「毛沢東の時代に帰れ」という感じでしょうか。

しかし、あの時代は、農業をやりながら、核《かく》兵器開発をした時代です。つまり、「食うものも食わず、飢《う》え死にしても構わないから、核をつくれ」という時代だったのです。

習近平氏は、今、その毛沢東を一生懸命《いっしょうけんめい》に持ち上げ始めたので、これは、もう、「経済的に発展させる自信はない」ということでしょう。彼にも、下がっていくのが見えているんですよ。そこで、北朝鮮《きたちょうせん》とまったく同じような先軍政治を行い、不平不満を黙《だま》らせようとしているわけです。

だから、自由の風を吹《ふ》かしまくれば、今の中国の体制は壊《こわ》せますよ。

今年、中国大陸を襲《おそ》った台風は、いわゆる「神風《かみかぜ》」だった

大川　最近、台風を六個か八個ぐらいぶつけたんですけど（会場どよめき）。いや、私がやったわけではありません。何だか、当会には、台風をいじれる人がいるらしいのです。

江夏　あ、そうですか。

大川　ええ。コースを、日本列島ではなく、台湾《たいわん》や中国方面に向けて、何個もぶつけたのです。

江夏　それは天上界《てんじょうかい》にいる人ですか。

大川　台風は動くんですよ。コースが変わるのです。

江夏　そうなんですか。

大川　「偉《えら》そうに言っているけど、北京《ペキン》の排水《はいすい》設備ができていないことぐらい証明してやる」という感じでしょうか。台風を一発飛ばしてみたら、町が水で溢《あふ》れ、みな、あっぷあっぷ言って苦しんでいました。手抜《てぬ》き工事をたくさんやっていたのが、バレバレですよね。

今回、日本に来るべき台風を、かなり、あちらへ飛ばしたんですよ。本当は偏《へん》西風《せいふう》が吹いているため、あちらへ行くはずがないのです。地球の自転から見ると、日本へ来なければいけないのに、今年は、なぜか、それに逆《さか》らって、向こうにたくさん飛んでいきました。
紛争《ふんそう》が起きている尖閣諸島を中心に、台湾や上海《シャンハイ》、香港《ホンコン》など、「尖閣に向けて漁船を出す」と言っている所に、台風がたくさん行きましたね。あれは、そうという集中打をしているんですよ。誰《だれ》がやっているかは言いませんけど（会場笑）。日本の神々のなかには、台風をいじれる人がいらっしゃるのです。「日本の神をなめたら、いかんぜよ！」というところですね。

江夏　いわゆる神風《かみかぜ》ですね。

大川　本当にあるんですよ。
そして、あれは、「中国のインフラが脆弱《ぜいじゃく》である」ということを教えています。
中国では、一部の金持ちだけが儲《もう》けているのであって、インフラが脆弱であるために、自分で自分を守れない人たちが犠牲《ぎせい》になり、不満が出てくるわけです。

## 中国政府は、国民に「情報を知る自由」を与《あた》えよ

大川　例えば、温家宝《おんかほう》首相は、「自分は貧しい育ちでお金に苦労し、大変だった」などと言っていましたが、何のことはない、首相をしている間に、一族で二千二百億円もの財産をつくり、海外に逃がしたりしています。表では、うまいことを言いながら、裏では、そういうことをやりまくっているのです。日本の政治家には、こんなことは、さすがにできませんよ。財閥《ざいばつ》でもつくらなければ、ありえないことです。

貧しい中国で、首相が二千二百億円の資産をつくるなんて、もう、あきれ返ります。まるで未開の国のようですね。そろそろ文明開化をなされたほうがよいのではないでしょうか。

軍隊とか、高層ビルとか、見てくれだけは、なるべくよいように見せていますが、その実態は、高速鉄道が脱線したら、穴を掘《ほ》って車両を埋《う》めてしまうような国です。あれが本当の実態ですよ。

やはり、もう少し正直でなければいけません。政府は、正直に情報公開すべきです。そして、国民に、「情報を知る自由」と「それを知らしめる自由」を与《あた》えなければいけないでしょう。

## 日本のマスコミも情報統制をやめるべきだ

大川　日本にも少しそういう気《け》があります。日本のマスコミ等には、情報を遮断《しゃだん》したり、黙殺《もくさつ》したり、消そうとしたり、談合《だんごう》したりする傾向《けいこう》があるのです。そこで、今、私はここを厳しく批判しているわけです。

やはり、情報はきちんと出さなければいけないし、それに基《もと》づいて、国民に議論をさせなければいけません。

「自分たちの恣意《しい》で国を動かせる」と思うようになったら、それは、もう慢心《まんしん》です。今の日本の教育レベルから見ると、読者と、記事を書いている人との知力には、そんなに差はないのです。騙《だま》せるほどの差はないんですよ。

昔、大学へ行く人が一パーセントぐらいしかない時代なら、学士様が書いたものを、「はいはい」と言って読んでいればよかったのでしょうが、今は、マス・インテリの時代であり、みな、批判する力を十分に持っているのです。

だから、「読者を騙せる」と思っているのであれば、甘《あま》いと思いますね。もう、あきらめたほうがいいでしょう。それは、「マスコミのレベルで、独裁国家と同じことをやろうとしている」ということですよ。

## 8　資本主義の精神で「富」を生み出せ

### 幸福実現党の政策の根本《こんぽん》には「人生観」や「世界観」がある

江夏　自由がないところは、やはり、「腐《くさ》ってくる」という感じですね。

大川　そうそう。だから、私は、ここから直そうとしています。

自由の基底には、やはり、神仏の存在やあの世の存在があり、これについては、ソクラテスもきちんと肯定《こうてい》しています。つまり、「あの世も神も信じた上で、自由な言論を行使する」ということが、批判のもとになっているわけです。単に壊《こわ》すための批判であれば、意味がありません。

江夏　ＨＳ政経塾を担当させていただいて強く感じるのは、「大川総裁から頂く政策の根本《こんぽん》には、人生観や世界観がある」ということです。

すなわち、「あの世があり、神仏がいる。人間は魂《たましい》であり、転生輪廻《てんしょうりんね》している存在なのだ」という人生観や世界観があり、その上で、例えば、「社会保障は、こういう考えでやりましょう」「農業はこうしましょう」「自由の下で、みな悟《さと》りを高めていきましょう」ということが具体的に出てきています。

だからこそ、幸福実現党の政策には確信が出てくるわけですし、「こういうところが、ほかの保守政党とは全然違《ちが》う。すごいな」と感じています。

大川　だから、うちは厳しいことも言っています。その意味では、ポピュリズムには当たらないと思うんですよ。

例えば、「自助努力の精神」も説いています。しかし、それは、決して、「強者が弱者をいじめたり、滅《ほろ》ぼしたりしてもいい」という意味で言っているわけではないのです。

確かに、宗教だけを分離《ぶんり》して勉強すると、「過去の古い宗教では、弱者や恵《めぐ》まれない者を救うのが、一つのミッションであり、大事な概念《がいねん》である」ということは事実です。ですから、日曜日に、教会等でそういう宗教を学ぶのは構いません。

ただ、イエスをはじめ、過去、宗教を説いた人たちは、「政治や経済の理念にまで言及《げんきゅう》し、それらを包含《ほうがん》する」というかたちでは、教えを説けていません。「それを現実にやったら、どうなるか」というところが説けていないんですね。

私は、今、それをやろうとしているわけです。

## 「弱者に優《やさ》しい」だけでは国を豊かにできない

大川　今日の新聞を見ると、朝日新聞でさえ、「オバマ氏の救世主幻想《げんそう》は壊れた」という記事を書いて、少し批判していました。

この四年間のオバマ人気には、一種の救世主幻想のようなものがあったと思うんですよ。彼の登場の仕方は、そういう出方でしたよね。

「貧しい者を救うために、救世主が彗星《すいせい》のごとく現れた。彼の手によって、黒人などのマイノリティーの人たちは、みな、夢を与《あた》えられるだろう。また、財政もうまくいき、失業者も減るだろう」というような救世主幻想に基《もと》づいて、グワーッと人気が出たわけです。彼は、演説もうまいですからね。

確かに、彼自身は、そういう宗教的メンタリティーを持っています。実際に、彼の過去世《かこぜ》リーディングをしてみても、そうでした（注。オバマ氏の過去世はアステカの王・モンテスマ二世など。『2012年人類に終末は来るのか?』(幸福の科学出版刊)参照)。

しかし、オバマ氏を支持していた若者や黒人系の人たちの失業率は、一割どころではなく、二十数パーセントという高い水準のままであり、結局、改善されていません。

残念ながら、救世主役を担《にな》うはずだったオバマ氏は、どうすれば彼らが就職できるのかを知らなかったのです。

さらに、お金をばら撒《ま》くだけなら、当然、政府は財政赤字になりますよ。それで、「どこかを削《けず》らなければいけない」ということになり、今度は、軍事予算のほうを削りに入っていますが、その結果、世界で紛争《ふんそう》が多発し、ほかの国で悲惨《ひさん》な出来事がたくさん起きています。

ノーベル平和賞を受けたけれども、実際は、死ぬ人が増えています。現実には、うまくいっていない。

オバマ氏は、やはり、原点に戻《もど》って、「アメリカはなぜ発展したのか」、あるいは、「近代ヨーロッパはなぜ発展したのか」ということを勉強しなければいけないでしょう。それをせずに、イギリス病のあとを追うようなことをしたら、アメリカは駄目《だめ》になると思います。

## 資本主義の精神とは、「仕事をつくっていく能力」のこと

大川　また、日本では、菅《かん》さんが、北欧《ほくおう》の福祉《ふくし》国家がモデルであるかのような言い方をし、「七十パーセントの税金を払《はら》って、何だか、力が出ないけれども、みんな、何となく、なごんで平和に生きています。家で細々とご飯が食べられて、たまの休みに、家族で外に食べに出るのが最高の幸せです」というような、ちっちゃな幸福を日本国中に広めようとしていました。

しかし、七十パーセントの税金を払ってまで、週に一回、家族でファミリーレストランで食事をする程度の幸福を得たいとは、私は思いませんね。

七十パーセントも税金を払うのは、そうとうの大金持ちでなければ、たまらないですよ。それだけの税金を払っていながら、「そういう慎《つつ》ましい生活をしろ」と言われるのであるならば、それは、無駄な税金がシステム的に使われていることを意味しています。

さらに、これから老人人口が増えていきますが、これは、日本だけでなく、中国でも、すごい問題になるでしょう。特に中国では「一人っ子政策」をとっているため、日本よりも、ものすごい問題になりますよ。

中国は、お年寄りの人口が増えることに対して、どうするのでしょうか。策はまったく持っていません。そのため、毛沢東《もうたくとう》の時代に戻そうとしているのだと思います。策がないんですよ。

要するに、私は、「『仕事をつくる』ということを政治家が知らなければ、基本的に駄目である」ということを言いたいのです。

野田《のだ》さんにしても、松下政経塾で冷蔵庫ぐらいは売ったかもしれませんが、卒塾したあとは、何年か、フリーターとして、都市ガスの点検員などをした程度です。彼は、それで県議になったのでしょう？

だから、本当の意味での「仕事のつくり方」を知らないんですよ。その程度の経験では、やはり分からないのです。彼には、そのへんをしっかり教えないといけないと思いますね。

私は、たまたま、「仕事をつくっていくというのは、どういうことか」を知っているので、それを教えてあげられるのですが、結局、資本主義の精神とは何かというと、実は、「仕事をつくっていく能力」なんですよ。

ですから、「仕事をつくって、富を生み出し、個人が豊かになる。そして、個人の豊かさの一部が、国家や社会に対する貢献《こうけん》になり、あるいは、足りざるところ、遅《おく》れているところに対する穴埋《あなう》めとなって、いわゆる弱者を助けたり引き上げたりするために使われていく」というスタイルでなければいけない。

この意味において、自助努力の精神は、弱肉強食を肯定する思想ではありません。本当は、多くの人に富んでもらうための思想であり、要は、「各自が持っている才能を引き出せ」と言っているわけですね。

## これから「起業家精神を失った会社」が潰《つぶ》れていく

大川　企業《きぎょう》でも、「あれはしてはいけない。これはしてはいけない」と言って、起業家精神を殺す〝旧《ふる》い百年会社〟のようになったら潰《つぶ》れますよ。

今は、経営の舵取《かじと》りや国の舵取りを少し間違えただけで、すぐ会社が潰れるような時代ですから、やはり、内部から起業家が出て、新しく事業をつくり出さなければいけないんですね。

例えば、ソニーは、この二十年間停滞《ていたい》していますが、その原因はここにあります。前社長のストリンガーさんは英国人で、英国人の経営というか、財務諸表だけを見て、数字をよくしようとする経営をしましたが、彼には、ソニーの「ものづくりの心」は分からなかったようです。

元社長である出井《いでい》さんも、ものづくりをしていません。広報出身の社長だったので、技術者の心が分からなかったのでしょう。「ソニーの宣伝能力だけでやれる」と思ったあたりから、製品づくりが崩《くず》れていったのです。

確かに、創業者の盛田《もりた》さんもPRがうまかったけれども、実は、彼はものづくりもしています。ものづくりをしたあと、売り込《こ》む営業をやり、最後、ソニー自体のPR役をしていたのであって、PRだけをしていたわけではありません。

この盛田さんのあと、出井さんあたりからストリンガーさんまでの約二十年間、ソニーはガーッと落ちていきました。

また、盛田さんは、学歴無用論を説いていたのに、今は反対になってしまっています。かつては、「履歴書《りれきしょ》に学歴を書かずに、有名なソニーに入社できる」ということで、「高学歴の人は損をする」と言われていました。特に、東大生たちは、学歴以外に売り込むものがないため、みな困っていたんですね。ところが、今は逆になっていて、ソニーは学歴によって人材配置するようになっているんですよ。

だから、ソニー・スピリットは、井深《いぶか》さんと盛田さんの二人の時代で、ほとんど終わってしまったわけです。続かないんですね。幸之助《こうのすけ》さんの精神も続かなくなってきつつありますから、こういうものは、意外に崩壊《ほうかい》するのは早いのかもしれません。

江夏　やはり、原点というか、理念の部分がとても大事であると思います。

## 9　ファイティング・スピリットを失うな

### 「世の中を豊かにすることを肯定《こうてい》する思い」を持とう

大川　去年（二〇一一年）の春、インド巡錫《じゅんしゃく》から帰った直後に、私は、「日本の家電業界は危ない」と指摘《してき》しました（『救国の志』〔ＨＳ政経塾刊〕参照）。

「インドには、日本製の電化製品がなく、ほとんどがサムスンの製品だった。このままでは日本企業《きぎょう》は危ない。英語にも力を入れなければ、海外で負けていくだろう」というようなことを言ったんですが、一年半ぐらいで、現実にそうなってきつつあります。

やはり、ファイティング・スピリットを失ってはいけませんね。

**江夏** ファイティング・スピリットは、宗教的なものから出てくるように思われます。

**大川** そうですね。だけど、その根本《こんぽん》は、「世の中をよくしようとする思い」であり、「世の中を豊かにすることを肯定《こうてい》する思い」だと思うんですよ。

## 政治的な反対運動をしている人たちには「甘《あま》え」がある

**大川** 例えば、今、政治的な反対運動がたくさん起きています。原発反対運動から始まって、ダム建設反対運動など、いくらでも起きていますが、そういう反対運動をしている人たちは、「お金はどこかから降ってくる」と思っているのです。

江夏　これが不思議ですよね。

大川　こういう甘《あま》えはいけません。

反対している人たちは、例えば、「何千億円も使って、途中《とちゅう》までダムをつくり、また、代替地《だいたいち》を確保して家の移転までしたのに、それを中止したら、いったいどうなるのか」、あるいは、「原発を停《と》めることによって仕事をなくした人たちは、次に、いったい何の仕事をして食べていけばよいのか」、「アメリカの基地を全部取り去ったあと、沖縄《おきなわ》の人たちは、いったい何をして食べていけばよいのか」などということを、まったく考えていないのです。

また、沖縄の人たちは、「沖縄人の気持ちを分かってくれないから、もう、独立しようか」と言って、脅《おど》したりしていますが、別に構わないですよ。

〝領地〟を替《か》えて、沖縄の人に福島へ移動してもらい、福島の人に沖縄へ移動してもらってもいいと思います。昔であれば、殿様《とのさま》の領地が替わったら、みんな一緒《いっしょ》に行かなければいけませんからね。

江夏　いわゆるお国替《くにが》えですね。

大川　沖縄の人には福島へ、福島の人には沖縄へ行ってもらい、両方とも、それでハッピーかどうか、勉強してもらったらいいでしょう。それで、沖縄の人には「福島に住みたいか」と訊《き》き、福島の人には「沖縄に住みたいか」と訊けばいい。そうすると、沖縄に移った福島の人は、「オスプレイぐらい何でもない」と言うかもしれません。

江夏　そうですよね。

大川　「放射線を浴びるのに比べたら、オスプレイの一機が墜《お》ちるのは、どうってことありませんよ。放射線のほうが怖《こわ》い」などと言うかもしれません。逆に、沖縄の人は、「アメリカ兵に暴行されるのが怖いから、原発のほうがいい」と言うかどうか。ちょっと訊いてみたいところですね。

江夏　反対していた人たちは、いざ、本当にそれがなくなったときには、「やっぱり、いてほしかった」ということになるのかもしれません。

「エゴで反対する人」を許してはいけない

大川　やはり、エゴの部分と、そうでない部分とを見分ける智慧《ちえ》が必要ですね。

例えば、今ではあまり見かけませんが、海外から飛行機に乗って帰ってきて、成田空港に降り、滑走路《かっそうろ》を走っているとき、じーっと外を眺《なが》めていると、森のなかに、「空港反対」の看板が立っているのが見えます。ほとんどの乗客はボーッとしていて、あまり気がつかないでしょうが、いわゆる一坪《ひとつぼ》地主というものがまだ存在しているんですね。

私は、東大で法律や憲法学を習いましたが、当時、東大では、小林直樹《こばやしなおき》氏という左翼《さよく》学者が憲法学を教えていました。小林氏は、憲法を教えながら天皇制に反対し、成田闘争《とうそう》を一生懸命《いっしょうけんめい》に後押《あとお》ししていた人です。こういう人に憲法学を習って、いい成績を取るのには、なかなかテクニックが要《い》りましたが、私の成績はよかったんですよ。考え方が私とは正反対でしたが、「テストはテスト」と割り切って勉強したんですけどね。

そのころ、小林氏は、「成田は遠すぎる。あんな所は絶対に不便であり、使えないから、反対だ」と言って、一坪地主運動を一生懸命に応援《おうえん》していたんですが、はっきり言って、アホですよ（会場笑）。当時、「憲法学の教授に対して失礼かな」と思いつつも、「この教授は本当にバカだ」と思ったのを覚えています。自分の憲法論をドイツ語でも書けるぐらいの学識がおありなのに、本当にバカなのです。「一坪地主運動を進めれば、国の横暴を防げる」などと言って、やっていたわけですよ。もう、アホではないでしょうか。

**江夏**　一掃《いっそう》したいですね。

**大川**　いまだに、その運動をやっている人がいて、看板が立っているんですよ。こういうのを見ると、彼らが本当に海外へ行っていないかどうか、調査したいですね。

「空港に反対しながら、飛行機に乗って、ハワイで遊んでいたりしたら、許さないぞ！　ハワイに行くときは、当然、泳ぐか、カヌーを漕《こ》ぐかしているんでしょうね？」と言いたいところです。

海外に行って遊んでいながら、反対だけしているのならば、もう、頭をかち割らないといけません。これは許せませんよ。私は、こういう意味でのエゴイストは許さないのです。

## 言論を主張する以上、「筋」を通すべきだ

大川　言論を主張するのはいいですよ。ただ、「それを主張する以上、成田空港を使うな」ということです。

江夏　主義・主張に従順でないといけないと思います。

大川　そのとおりですよ。「反対するなら、サメが泳いでいる海を泳いで行け！」と言いたいですね。

それでも反対するなら、筋が通っているからいいでしょう。しかし、言うだけ言っておいて、実際には違《ちが》うことをするのは、許せませんね。

江夏　今の政治家にも、そういう人が本当に多いです。

大川　嘘《うそ》つきの山ですね。本当に、どうなっているのでしょうか。

江夏　選挙のときには、聞こえのいいことを言って、陰《かげ》では、「いや、日本を守る気がある」などと言う。そのようにグチャグチャしているから、いざ本番というときに、ふにゃふにゃと腰砕《こしくだ》けになっていくわけです。
もはや、責任を取るところは、幸福実現党しかありません。

大川　政権については、〝ドジョウさん〟がけっこう粘《ねば》るのではないかと予想していましたが、予想どおり、まんまと安倍《あべ》さんを審議《しんぎ》に応じさせ、法案を成立させ、解散だけは引っ張っていかれそうな雰囲気《ふんいき》に見えてきました。

江夏　ええ。図太いですね。

大川　やはり、三代目（三世議員）というのは弱いですね。人気でパッといくけれども、根性《こんじょう》が弱く、すぐに、やられていきそうです。

江夏　二回目の総理も、少し厳しいかもしれません。

大川　見てくれの人気で、ガッと取れるんですけどね。

江夏　安倍さんの場合は、人がよすぎると思います。

大川　予想どおりの展開になってきつつありますね。

江夏　はい。

## 10 「自由からの繁栄《はんえい》」を実現せよ

### オバマ大統領は「国家社会主義への道」に進んでいる

司会　お話は尽《つ》きないことと存じますが、お時間が迫《せま》ってまいりました。最後に、宗教立国を目指す江夏塾長から、今後の「闘魂《とうこん》の挑戦《ちょうせん》」や、世界での日本の使命について、お伺《うかが》いできればと思います。

大川　そろそろＨＳ政経塾のＰＲが必要ですね。政経塾は、来年から入塾の競争率が十数倍になるかもしれないので、しっかりＰＲしなくてはいけません。

江夏　今、中国やイスラム圏《けん》で、自由を抑圧《よくあつ》する動きが起きています。また、ヨーロッパは、今、社会主義に沈《しず》もうとしています。「自由主義陣営《じんえい》というと、もう日本とアメリカだけなのか」と思うほどですが、習近平《しゅうきんぺい》氏は、潜在《せんざい》意識では、そのアメリカまでをも引っ掛《か》けようとしているでしょう。日本とアメリカを守らないと、本当に世界から自由が失われていくかもしれません。

大川　確かに、アメリカも危ない状態ですね。

オバマ大統領は頑張《がんば》っていますが、頑張れば頑張るほど危なくて、国家社会主義への道に、どんどん進んでいっています。

しかも、それが善意に基《もと》づいているから、つらいんですよね。彼は善意で「弱者救済をしたい」と思っているのです。ただ、悲しいことに、弱者救済のためのお金は天から降ってきません。「自分たちで繁栄《はんえい》をつくれ」という命《めい》が下りているからです。しかし、これが、彼には、どうしても分からないようです。

中国や韓国《かんこく》を、「いい加減にしなさい」と一喝《いっかつ》すべきだ

江夏　自分たちで繁栄をつくるためには、自由の価値観、自由主義を死守しなくてはなりません。その意味では、今の尖閣《せんかく》諸島の問題や国内の原発の問題も、実は、自由にかかわっているのではないかと思います。

大川　そうなんですよ。
　今の日本では、首相の靖国参拝《やすくにさんぱい》でさえ、中国や韓国《かんこく》の〝ご意向〟で止《と》められてしまいます。日本の首相が靖国神社に行くか、行かないか、それを中国や韓国が〝お決めになっている〟わけですが、中国や韓国は、何の権限があって、そんなことを言うのでしょうか。

また、「昔、南京大虐殺《ナンキンだいぎゃくさつ》があった」とか、「従軍慰安婦《じゅうぐんいあんふ》問題が終わっていない」とか、そういうことを勝手に言われていますが、少なくとも、中国で、日本の企《き》業《ぎょう》の工場等が打ち壊《こわ》され、数百億円もの損害が生じている事態は、現在ただいまのことであり、テレビカメラに映っているものです。これについては、「きちんと賠償金《ばいしょうきん》を払《はら》え!」と言わなくてはなりません。

「何十年も前の話ではなく、今、発生している損害ではないか。工場等を壊したのは、おたくの国民であり、また、それをじっと見ていて、盗賊《とうぞく》を見逃《みのが》していたのは、おたくの警官だろうが。きちんと補償しなさい」と言う必要があります。

そして、「よその国のことに関して、『靖国参拝はいけない』『軍国主義の復活はいけない』などと言うのは、もう、いい加減にしなさい」と一喝《いっかつ》すべきです。

江夏　大川総裁は、「日本よ、使命を果たしなさい!」とおっしゃいました。

大川　そうそう。使命を果たさなくては駄目《だめ》です。今の日本は弱すぎます。

江夏　日本の自由を守りながら、世界に、地球に、自由を広げていかなくてはなりません。そのために、ＨＳ政経塾、幸福実現党がつくられました。今は、まだまだの状態ですけれども、これを絶対に国政の場で主流にしていきます。

## 国益を考えることは、独立国家として当たり前

大川　さらに言えば、日本の国民には、「国益を言うと、恥《は》ずかしい」と思うような気持ちが刷り込《こ》まれていますが、国益とは国民の利益のことであり、国益を考えることは、結局、国民を幸福にすることなんですよ。

世界の国は、どこであっても、まず国益を考えます。国益を考える国同士が、お互《たが》いに話し合い、利害の調整をしているので、交渉《こうしょう》の際には、どの国も、当然、

国益を考えて意見を言います。ところが、国益を考えていない国があると、交渉が完全にすれ違《ちが》ってしまうのです。

国益を言うことを「恥ずかしい」と思う気持ちは、やはり問題です。国益を考えることは、独立国家として当たり前です。共産主義国から自由主義国まで、国益を考えていない国はありません。国民のために政治を行っているのですから、それは独立国家として当たり前のことなのです。

## アメリカは「建国の原点」に戻《もど》らなくてはならない

大川　それから、アメリカは、自国の出発点を、一回、よく考えなくてはいけないと思います。

インググランドからメイフラワー号に乗って逃《に》げてきた人たちは、自由を求めてアメリカに渡《わた》ったんですよ。身分制社会で貴族が牛耳《ぎゅうじ》っている国から、平民、すなわち普通《ふつう》の人たちが自分たちの努力で国づくりができる場所、そういう自由な天地を求めてアメリカに来たわけです。

そして、アメリカ独立の原因となったのは「ボストン茶会事件」です。

イギリスはアメリカに「茶税」というものをかけ、アメリカが輸入する茶の輸入税を取っていたのですが、アメリカ側は、「なぜ、そんな権利がイギリスにあるのか」と言い、それに反対していました。そして、「こんなことだったら、茶をすべて捨ててやる」と言って、ボストン港に停泊《ていはく》中の船から、積み荷の茶箱を大量に海に投げ捨てたのです。

それが実は独立運動の引き金になっているわけです。

この背景にあるのは、要するに、「何もしてもらえないのに、税金だけ取られるのはおかしい」という考え方です。

このへんから始まり、やがて、「自分たちの責任において、自分たちの国を発展させよう」という、アメリカ人としての自覚が生まれてきたんですね。

やはり、こうした歴史を押《お》さえなくてはいけないと思います。

オバマ大統領は、過去世《かこぜ》において、中南米の方《かた》であったり、白人に滅《ほろ》ぼされたインディアンであったり、イスラム地域の方であったりしたため、アメリカ的ではない思想を少し持っているのかもしれません。

しかし、アメリカの自由は、もともと、「自分たちの自己責任で国を発展させようとした」というところから始まっているのです。何の保証もない、未開の地に来て、コヨーテと戦い、インディアンと戦い、自分たちでつくってきた国なんですよね。その原点を忘れてはいけないと思うのです。

今、当会は明治維新《いしん》の話をかなりしていますが、日本も、明治維新のころの「開国の原点」に戻《もど》らなくてはいけません。「いつの間にか、鎖国《さこく》の伝統主義になっていませんか」ということを言わなくてはならないでしょう。

これを破るために地方分権を強化する必要はないのです。各県の独立が明治維新だったのではありません。

改めて地方分権をしなくても、沖縄《おきなわ》は、もう、とっくに、独立しそうな雰囲気《ふんいき》で暴れているではありませんか。これ以上、権限を与えたら、いったい、どうなるんですか。また、福島をどうするんですか。被害《ひがい》があるので、もう日本ではないことにするんですか。

やはり、原点に戻って、この国を愛した先人たちの心を取り戻さなくてはいけません。

## 自分自身の本質を信じ、「創造性のある教育」を

大川　ＨＳ政経塾の塾生たちには、「江夏死すとも自由は死せず」という精神を、きちんと教えて、「自由からの繁栄」を説かなくてはいけないと思います。

きっと分かってもらえるでしょうが、これは決して強者の論理ではなく、「自分自身を信じる」ということ、あるいは、「自分自身の本質を信じる」ということであり、「神、仏につくられたことを信じる」ということなのです。

それを信じることは決して悪いことではありません。だからこそ、やる気が出るのですし、だからこそ、可能性があるわけです。

生物学的な遺伝子決定論や運命決定論のような考え方の下《もと》では、努力しない人間ばかりの世の中になってしまうので、そういう考え方は嫌《いや》です。

また、身分制社会も嫌です。これは、本当に、人が能力を発揮するのに、ものすごい力が要《い》る世界です。

インドには、まだカーストがかなり残っているのかもしれませんが、やはり、それを打ち破っていかなくてはなりません。それを打ち破るものは、新しい宗教的な風でしょうし、自由の精神でしょうし、教育でしょう。

教育には人間を自由にするところがあるので、「甘《あま》やかす教育」ではなく、「創造性のある教育」を行っていかなくてはなりません。

宗教も、最後には政治や教育にまで踏《ふ》み込まないと、本当の意味での「国民の幸福」を考えることはできないのです。

まあ、議論倒《だお》れに終わるかもしれませんが、江夏さんと話した、この〝江夏論語〟が、後世の人たちの考える材料になれば、ありがたいと思います。

## 宗教修行《しゅぎょう》は「政治家の胆力《たんりょく》づくり」にも効く

司会　たいへん貴重なお話を頂き、ありがとうございました。

それでは、お時間となりましたので……。

大川　これでＨＳ政経塾の説明はできましたか。入塾案内はできたのでしょうか。

江夏　はい。この精神を是《ぜ》が非でも実現するのが塾生の使命だと思っています。

大川　塾生のポテンシャル（潜在能力）は高いと思います。ただ、この世的にすごい、〝念力型《ねんりきがた》〟の人が少し多いように感じられますね。

江夏　そうですか。

大川　そういう感じがするんですが、それは、外部からは、やや宗教的ではないように見えているかもしれません。

この世的なところで能力を発揮しようと思えば思うほど、やはり、「心を深く耕す」という、反対の面も要るんですよ。

江夏　はい。分かりました。

大川　行動力があればあるほど、沈思黙考《ちんしもっこう》をする時間も持たなくてはいけません。政治家にも基本的には胆力《たんりょく》が必要ですが、宗教修行《しゅぎょう》は政治家の胆力づくりにも大きく効くんですね。

この世的な能力と宗教的な能力の両方が必要だと思います。両方を上手に使い分けながら活動する必要があります。

やはり、「人間づくり」もしなくてはいけませんし、人々のリーダーにしてよい人物をつくらなくてはいけませんね。ただ、焦《あせ》って、この世だけの成果を求めれば、この世的な人間になってしまうことがあるのです。

頼《たよ》りになるリーダーが出るといいですね。

まさに「出藍《しゅつらん》の誉《ほま》れ」で、あとになるほど、偉《えら》い人が出てくるぐらいがいいでしょう。

「私が弟子《でし》を偉くする」ということから、「弟子が先生を偉くする」ということのほうに、早く〝ベクトル〟が引っ繰《く》り返るとよいと思っているのですが、今はまだ少し重いんですよね。早く弟子に偉くしてもらいたいものです。

いよいよ、これから、勝負のときが来るでしょう。

司会　それでは、以上とさせていただきます。

大川　ああ、そうですか。

司会　はい。本日は、本当にありがとうございました。

# あとがき

この『HS政経塾』の人材供給源の一つとして、私は、『幸福の科学学園中学校・高等学校』を二〇一〇年に創立した。二〇一五年には、幸福の科学大学も建学する予定である。この国の人材養成をして、宗教家、政治家、実業家、国際人として幅広く送り出していくつもりである。

仕事は厳しいが、全世界ユートピア化への夢は消えたことはない。後れてくる青年たちに、「本当に大切なこととは何なのか」を伝え続けていきたい。年齢・

経験を超えて、若い同志が集《つど》ってくれることを心から期待している。この国の未来を託《たく》したい、地球の繁栄を実現したい、と心の底から希望しているからである。

二〇一二年　十一月六日

国師《こくし》　大川隆法《おおかわりゅうほう》

## 『ＨＳ政経塾・闘魂の挑戦』大川隆法著作参考文献

『松下幸之助の未来経済リーディング』（幸福の科学出版刊）
『２０１２年人類に終末は来るのか？』（同右）
『国家社会主義への警鐘』（幸福実現党刊）
※左記は書店では取り扱っておりません。最寄りの精舎・支部・拠点までお問い合わせください。
『自由の大国』（幸福実現党刊）
『救国の志』（ＨＳ政経塾刊）

HS政経塾《せいけいじゅく》・闘魂《とうこん》の挑戦《ちょうせん》

──江夏死すとも自由は死せず──

2012年11月17日　初版第1刷

著　者　　大《おお》　川《かわ》　隆《りゅう》　法《ほう》

発　行　　HS政経塾

〒141-0022 東京都品川区東五反田1丁目2番38号

TEL(03)5789-3770

発　売　　幸福の科学出版株式会社

〒107-0052 東京都港区赤坂2丁目10番14号

TEL(03)5573-7700

http://www.irhpress.co.jp/

印刷・製本　株式会社 東京研文社



ISBN978-4-86395-269-0 C0030

人生の大学院として、理想国家建設のための指導者を養成する

# HS政経塾

HAPPY SCIENCE INSTITUTE OF GOVERNMENT AND MANAGEMENT

## ■HS政経塾とは

幸福の科学　大川隆法総裁によって創設された、「未来の日本を背負う、政界・財界で活躍するエリート養成のための社会人教育機関」です。既成の学問を超えた仏法真理を学び、地上ユートピア建設に貢献する人材を輩出する「現代の松下村塾」「人生の大学院」として設立されました。

大川隆法名誉塾長

### 「HS政経塾」の志とは

HS政経塾の志をあえて述べれば、「現代の松下村塾はここにあり」というところです。

松下村塾そのものも、山口県萩市にある遺構を見ると、非常に小さな木造の建物ですけれども、あそこから明治維新の偉大な人材が数多く出てきました。

やはり大事なのは規模や環境ではなく、志や熱意を中軸にして、各人の行動力や精進力に火をつけていくことなのです。

したがって、自分に厳しくあっていただきたいのです。あらゆる言い訳を排して、自らに厳しくあってください。自らを律し、自ら自身を研鑽して、道を拓いていただきたいと考えています。

（HS政経塾第一期生入塾式 法話「夢の創造」より）

## ■カリキュラムの特徴

### ①仏法真理の徹底教学

法話の拝聴や、公案参究を通して、大川隆法名誉塾長の理想を魂に刻みます。

大川隆法名誉塾長の経典、法話、公案を徹底的に参究し、仏法真理の優位性と、名誉塾長の描かれる理想国家ビジョンを腑《ふ》に落とします。

### ②専門知識の習得

経済思想の講義の一コマです。課題レポートを発表し、討論を通じて学びを深めます。

自学自習を原則としながら、専門家や識者を招いての講義も行います。

１年目は、政治思想、経済思想、国際政治の基礎をマスターします。２年目はフィールドワークも交えた政策研究を行い、新たな政策提言を行います。

### ③政策実現のための実践力を身につける

３年目までに自らのライフワークを決め、政策実現のための知識と実務能力を身につけます。また、伝道、献本などの宗教活動、政治活動などに取り組み、政治家としての行動力や実践力を鍛えます。

定期的に辻立ち、街宣活動などに取り組んで、政治家としての実践力を鍛えています。

### ④政治家としての総合力の養成

切れ味鋭いディベート能力、日本の歴史や文化などに関する幅広い教養、海外人脈を構築できる高い英語力を身につけるとともに、体力、気力の鍛錬を通じて政治家としての総合力を磨きます。

書道、茶道、華道など、文化、教養を身につけるプログラムもあります。

富士山登山、フルマラソン大会出場などを通じて、心身の鍛錬を行います。

## ■塾生の一日

HS政経塾生の主な一日をご紹介します。
※この他にもさまざまなプログラムがございます。

**8:30　作務**

作務は自分の心を見つめる修行です。研修施設を使わせていただくことへの感謝を込めて、隅々まで磨き込みます。

**9:00　朝礼**

研修をご指導くださる主エル・カンターレ、大川隆法名誉塾長へ、感謝と精進の誓いを捧げます。

**9:45　信仰教育**

宗教政治家を目指して、困難にも揺るがない信仰心を確立することを目指します。公案参究、講師の講話、精舎研修への参加を通じて、自らの心を深く見つめます。

**13:00　自習（レポート作成）**

翌週の講義に向けて、レポートに取り組む塾生たち。自学自習の精神を基本としながら、仲間と切磋琢磨する中で、各自の見識に磨きをかけます。

**15:00　ディベート講義**

講師を招いてのディベート講義で、論理的思考力や説得力を身につけます。実践的な講義で3時間があっという間です。

**18:00　夕べの祈り／メディアチェック**

メディアチェックでは、新聞や雑誌、海外メディアの気になる記事を各自が持ち寄り、意見交換をします。

# 塾生募集 ※2012年現在のものです。

国を背負うリーダーを目指す、熱き志ある方の応募をお待ちしています。

| | |
|---|---|
| 応募資格 | 原則22歳～32歳（入塾時）で、大学卒業程度の学力を有する者。未婚・既婚は問いません。 |
| 応募方法 | 履歴書と課題論文をお送りください。毎年、3月中旬ごろに第一次募集要項（主として新卒対象）、9月中旬ごろに第二次募集要項をホームページ等で発表いたします。論文、面接選考を通じて、5～10名程度の塾生を選出いたします。 |
| 待　遇 | 研修期間は3年を上限とします。毎月、研修費を支給いたします。 |

未来の総理大臣を養成する

# HS政経塾「夢の創造ファンド」

## ご案内

ＨＳ政経塾生を応援し、政界や財界で活躍する
未来の国家リーダーを養成するための植福です。

| | |
|---|---|
| 参加者特典 | ①ご希望の方に、政経塾の様子や塾生の研究成果が分かる季刊誌をお届けします。（3カ月に1度発行いたします）<br>②塾生の論文や研究成果をホームページ上で公開いたします。<br>③ユートピア活動推進館で行われる塾生による公開セミナーへ、優先的にご招待いたします。 |

詳細は、以下の公式ホームページをご覧ください。

公式ホームページ　**hs-seikei.happy-science.jp**
問い合わせは　**hs-seikei@kofuku-no-kagaku.or.jp** まで。

## 大川隆法 ベストセラーズ・中国の今後を占う

### 小室直樹の大予言
**2015年 中華帝国の崩壊**

世界征服か？ 内部崩壊か？ 孤高の国際政治学者・小室直樹が、習近平氏の国家戦略と中国の矛盾を分析。日本に国防の秘策を授ける。

1,400円

### 従軍慰安婦問題と南京大虐殺は本当か？
**左翼の源流 vs. E.ケイシー・リーディング**

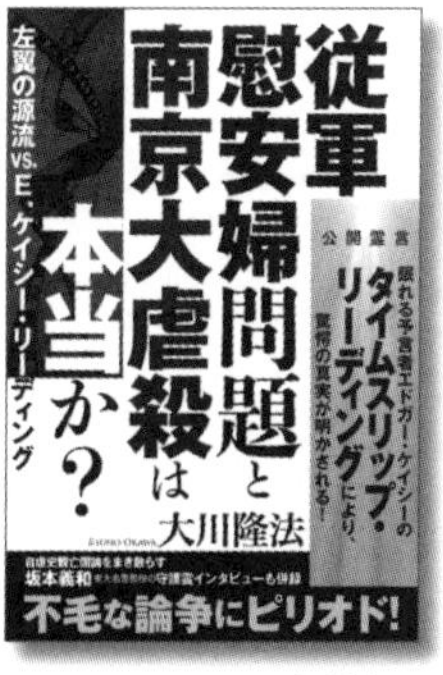


「従軍慰安婦問題」も「南京事件」も中国や韓国の捏造だった！ 日本の自虐史観や反日主義の論拠が崩れる、驚愕の史実が明かされる。

1,400円

### 中国と習近平に未来はあるか
**反日デモの謎を解く**

「反日デモ」も、「反原発・沖縄基地問題」も中国が仕組んだ日本占領への布石だった。緊迫する日中関係の未来を習近平氏守護霊に問う。
【幸福実現党刊】

1,400円

## 大川隆法ベストセラーズ・幸福実現党の魅力とは

# スピリチュアル党首討論

### 安倍自民党総裁 vs. 立木幸福実現党党首

自民党が日本を救う鍵は、幸福実現党の政策にあり！ 安倍自民党新総裁の守護霊と、立木秀学・幸福実現党党首が政策論争を展開。

【幸福実現党刊】

1,400円

# ジョーズに勝った尖閣男

### トクマとの政治対談

尖閣上陸！ なぜ彼は、無謀とも思える行動に出たのか!? 国師との対談で語られる尖閣上陸秘話と、国を愛する情熱と信念について。

1,400円

# 猛女対談
# 腹をくくって国を守れ

国の未来を背負い、国師と猛女が語りあった対談集。凛々しく、潔く、美しく花開かんとする、女性政治家の卵の覚悟が明かされる。

【幸福実現党刊】

1,300円



※表示価格は本体価格（税別）です。